オトナ婚です、わたしたち

十人十色のつがい方

大塚玲子

太郎次郎社エディタス

オトナ婚です、わたしたち

——十人十色のつがい方

目次

結婚って、なに？──この本を書くまでのいきさつ

形にとらわれない結婚＝〝オトナ婚〟をしている人たちに、話を聞かせてもらおう。そうすれば、わたしを含め「結婚とはこういうもの」という思い込みにとらわれている人たちが、自分にあった結婚の形を見つけるための、ヒントをもらえるんじゃないか。

結婚というものがなんなのか、そして、どうすれば大切な人と永くつがい続けられるのか、それがわかるんじゃないか。

これから結婚したいと思っている人たちにも、いまのパートナーとずっと寄り添っていきたいと思っている人たちにも、それがわかれば役に立つはず──。

そんな思いから、わたしはこの本を書きはじめたのだが、最初に、わたしがこの考えにいたるまでのいきさつを、ざっと説明しておきたい。

離婚経験者の定番テーマ、「結婚とはなにか？」

結婚期間は、たった3年弱。子どもが1歳になるちょっとまえに、わたしは離婚をした。実家に戻り、以来約8年間、両親とわたしの子どもと4人で暮らしている。

離婚の原因は、みんなそうだと思うけれど、ひとことでは言えない。離婚を言い出したのは相手からだったが、結婚生活に不満をためていたのは、わたしも同じだった。

いちばん大きかったのは、お金や役割分担の問題だった、とわたしは思っている。相手は共稼ぎを当然と考えており、比較的家事を好む人だった。けれど、わたしは妊娠中や子どもが小さいあいだくらいは「夫」が稼いできて当然と思っていた。だから代わりにそのぶん、「妻」であるわたしが家事や育児を抱え込もうとして、なのにその状況にストレスをためてもいた。

夫にとってもそのような生活は不本意であり、負担は大きかったようだ。

まあもっと根本的なことを言えば、そういった問題をきちんと話しあえない夫婦関係こそが、最大の原因だったと思う。相手選びの問題、と言ってしまえば、それまでなのだが……。

離婚してからは、経験者の多くがそうであるように、「結婚ってなんだろう？」ということを考えるようになった。それがわからないと、いつかもう一度誰かと寄り添っても、またうまくいかなくなるだろうと思ったからだ。

以来わたしは、結婚というものについて、それがなんなのか、どうすればそれを〝攻略〟できるのか、考え続けていた。

「結婚」の本質はとてもシンプルだった

そんななかで、ひとつのきっかけとなる仕事に出会った。わたしはフリーの書籍編集者として、さまざまな本をつくってきたのだが、あるとき「婚活」をテーマとする本*の編集を依頼されたのだ。

監修者は社会学者の山田昌弘さんと、ジャーナリストの白河桃子さん。「婚活」ブームを巻き起こした『婚活時代』（ディスカヴァー21）の内容を、イラストやグラフを多用しつつ、さらにわかりやすく伝える本をつくる、という話だった。

わたしはそれまで、離婚や再婚に関する本をしばしば手がけていた。ひとり親の支援活動を行う新川てるえさんの著書を、わたしはよく担当させてもらっていたのだ。出版社の人はそこに目をとめて、この話をもちかけてくれたようだった。

その仕事はまさに、わたしの興味＝「結婚とはなにか」にかかわるものだったので、ぜひ、やらせてもらうことにした。

じつは、初めて『婚活時代』を読んだとき、わたしは物足りなさを感じていた。わたしがいちばん知りたいのは「結婚とはなんなのか」「なぜ結婚が必要なのか」ということだったのだが、この本にはそこが書かれていなかったからだ。「結婚は当然するべきもの」という前提で、婚活の必要性や方法が説かれている。

本をつくりながら、わたしはその答えを探していたのだが、あるとき、資料で読んだ山田昌弘さんの著書に、こんな一文を見つけた。

「私は、経済的意味、情緒的意味の双方を含める形で、家族を、『自分を心配してくれる存在』かつ『自分を必要としてくれる存在』と言い換えて使っている」
——『少子化社会日本』岩波新書

家族、あるいは結婚とは、本来こういうものだったのか——。これを読んで、わたしはとても納得できた。

離婚以来、わたしは結婚というものがわからなくなっていた。結婚というのは、籍を入れることなのだろうか？　あるいは、いっしょに住むことなのか？　それとも、一方が稼いで、他方が家事育児をすることなのか？　「結婚」という言葉には、いろんな要素が含まれすぎていて、本質が見えなくなっていたのだ。

でもほんとうは、とてもシンプルなことだった。たがいを求めあい、支えあえるのが家族であり、そういった関係をもつために、人は結婚する。

だからじつは、籍を入れようが入れまいが、いっしょに住もうが住むまいが、夫婦のどちらがお金を稼ごうが、式を挙げようが挙げまいが、なんでもよい。そんなことは、それぞれが好きに選べばいい「オプション」の部分だったのだ。

そのことが、はっきりとわかったのだった。

＊『幸せになる！　女の「婚活」バイブル』『うまくいく！　男の「婚活」戦略』（ＰＨＰ研究所、２００９年）

思い込みから自由になりたい

その後、いまの恋人とつきあうようになってからは（マジメに婚活しました）、「今度こそ、どうしてもうまくやりたい」と思う気持ちが、いっそう切実になった。

好きな人と、永く良い関係を続けていくためには、いったいどうすればよいのだろう？

振り返ると、前回の結婚でわたしは「余分なもの」に縛られすぎていたのかもしれない。「結婚とはこういうもの」という思い込みにとらわれて、相手には「夫」の役割を、自分には「妻」の役割を求め、勝手にがんじがらめになっていた。

そういった、わたしのなかに染み付いた余分な結婚観を捨てる必要があるんじゃないか。そうすれば、もっと自分にあった形で、うまくつがえるようになるんじゃないか。

そんなことを考えていたとき、ある本が、またわたしにヒントをくれた。

しばざきとしえさんの『じつはウチ、フランス婚』（MMR）、うえみあゆみさんの『カマかけたら、クロでした』（メディアファクトリー）という、2冊のコミックエッセイだ。

事実婚&半同居でも夫婦――『じつはウチ、フランス婚』

しばざきさんの『じつはウチ、フランス婚』（この本では「フランス婚」＝「事実婚」の意味）を知ったのは、先ほど書いた、婚活本の仕事がきっかけだった。本のなかで「事実婚」について紹介する箇所があり、その参考資料として、監修者の白河桃子さんが「こんな本があるよ」と教えてくれたのだ。

この本に、わたしは、ものすごくハマってしまった。共感したし、「目からうろこ」でもあった。わたしのなかにある結婚の思い込みをはずしてくれる本だった。

作者のしばざきさんも子連れ離婚経験者であり、またその離婚理由も、わたしのそれと重なる部分が多い。しばざきさんの場合も、妻は夫に「夫の役割＝稼ぐこと」を、夫は妻に「妻の役割＝家事育児」を求め、おたがいに自滅してしまったところがある。

その反省から、しばざきさんは現在のパートナーとは、「籍を入れない」かつ「いっしょに住まない（半同居）」という、斬新な結婚スタイルを築いているのだった。

わたしも、かならずしも婚姻届を出すという意味での結婚を、もう一度したいとは思っていなかった。また誰かと「つがいたい」とは思っていたものの、制度上の結婚（婚姻）には、恐れや疑問があったのだ。だから、しばざきさんのような、籍を入れなくてもつがえている実例を知って、とてもほっとした。

また、パートナーといっしょに住むということについても、わたしにはためらいがあった。親（わたし）にとっては同居がよくても、子どもにとってはまた違う。それまで家族としていっしょに暮らしてきた祖母や祖父と別れることは、子どもにとってはけっして望む状況ではないだろう。その意味でも、いっしょに住まなくても夫婦として生きている、しばざきさんのやり方がわかったのは、うれしかった。

こういった形なら、わたしにもできるかもしれない。もしかしたら、世間一般の「結婚」じゃなくても、幸せに生きていくことはできるんじゃないか？　そんな希望が湧いてきたのだ。

結婚とセックスの問題を超えて――『カマかけたらクロでした』

うえみさんとは、知人の紹介を通して知りあった。最初は、うえみさんがＷｅｂで連載する育児漫画を本にしたいということで、わたしが相談を受けたのだった。

当時、うえみさんは離婚を迷っている最中で「いつかダンナの浮気騒動について描きたい」という話もしていたのだが、わたしは聞き流してしまった。どんなものを描くのか、そのときはまったく想像がつかなかったからだ。

その翌年、彼女は『カマかけたらクロでした』（メディアファクトリー）を描いた。それはわたしにとって、衝撃的な内容だった。

妊娠中の夫の浮気発覚、連日の大ゲンカ、調停、別居中の夫と子どもの面会交流……。

けれど、最終的に、彼女は「離婚しない」ことを選択するのだ。

売り言葉に買い言葉で離婚に応じた（メールだったが）自分との違いたるや！　しかもうえみさんの場合、原因はダンナさんの浮気であり、誰がどう見ても悪いのはダンナさんである。それなのに結婚を続けようと思えるとは、なんと器の大きいことか。

何度か読み返すうちに、さらに気づいた。

彼女は一見、結婚という形にこだわったようにも見える。けれど、じつは逆ではないか。彼女は「結婚したらセックスは夫婦間だけでするもの」という思い込み（ルールでもある）を捨てられたからこそ、浮気夫と再び人生を歩む選択をできたのだ。

うえみさん夫婦は婚姻届も出しているし、いっしょに住んでもいる。形は「ふつう」だけれど、「夫婦とはこういうもの」という思い込みにとらわれないことによって、夫婦を持続させているという意味では、しばざきさんの半同居事実婚と、同じではないか。

そのことに気づいたとき、わたしのなかで、考えがまとまった。

しばざきさんやうえみさんをはじめ、形にとらわれない結婚をしている人たちに話を聞かせてもらい、それを本にまとめよう。そう、決めたのだった。

「新しい家族の形をつくっていくこと」――中村うさぎさん

このとき、わたしの背中を押してくれる存在となったのが、作家・中村うさぎさん（の言葉）だった。

この本をつくるため、いざ「どんな人に取材させてもらおうか？」と考えはじめたとき、なにかの記事で、中村うさぎさんのことを知った。うさぎさんは、なんと、ゲイの男性と結婚しているというのだ。

そういう形もアリなのか！　おたがいに恋愛対象じゃない関係でも、結婚できるのか――。考えたことがなかったけれど、そういう枠の外し方もあったのだ。

さっそくネットで検索したところ、ある記事を発見した。ライターの大宮冬洋さんが行った、うさぎさんへのインタビューをまとめたものだ。

そこでうさぎさんは、こんなことを話していた。

「だから、みんなでいっしょに考えればいい。一人で生きていくには限界がある。やっぱり家族は欲しい。どうすればいいんだろう、と。シングル男性と女性をくっつける、なんて単純な話じゃない。従来の夫婦とか家族とは違った形をどうやったら作れるのか。
私と夫の結婚もその実験のひとつと言えるかもしれない。そのつもりで結婚したわけじゃないいんだけど。とにかく、一度みんなで真剣に討論したらいいと思うんだよね」

「結婚制度にしがみつく必要なんてない。新しい家族の形を作っていくことが、これからの世代に託されていると思うんだよ」

——日経BPネット「ロスジェネ世代の叫び！」

それはまさに、わたしが「そうありたい」と考えていたこと、そのものだった。そのときはまだ、わたしの頭のなかでモヤモヤと形にならないでいたものを、うさぎさんがスパッと無駄なく言葉にしていた。
そうだ。わたしたちはこれから、新しい夫婦や家族の形を、つくっていかなくては。そのためにも、わたしはこの本を書かなければ！
そんな思いで、さっそく取材に取りかかったのだった。

この本での言葉の使い方について

- この本に出てくる「結婚」という言葉の意味は、話す人によって、また文脈によって、異なります。狭義では「法律婚」や「入籍」を、広義では「つがうこと」を意味するものと思います。筆者自身は、どちらかというと、後者の意味で使っています。
- 筆者は「つがうこと」を「ふたりの人間が支えあって生きること」と、とらえています。
- 一般に、「婚姻届を出すこと」を「入籍」といいますが、実際は夫婦で新しく籍をつくるので、誰かの籍に「入る」わけではありません。また「婚姻届を出すこと」と「入籍」は、日本ではたまたま同じことを意味しますが、本来は別のことです（ほかの国では、婚姻制度はあっても戸籍制度がない）。ですが、この本でも便宜上、「婚姻届を出すこと」という意味で「入籍」という言葉を使っています。
- 「夫婦」という言葉は、「結婚しているふたり」という意味で使っています（同性カップルも含む）。「つがい」も同様です。
- 「主婦」と「主夫」は、「家事を担っている人」という意味で、「シュフ」という表記に統一しました。
- 書名にある「オトナ婚」という言葉は、「形にとらわれない結婚」という意味で使っています。（参考：読売新聞2012年7月連載記事「オトナ婚の幸せ」。ただし記事では「熟年世代の結婚」という意味で使われています。）

＊──本書に登場する方の年齢は取材当時のものです（2010年秋～2012年夏に取材）。

第①部

カタチはなんでもいいじゃない

〈おもに事実婚〉

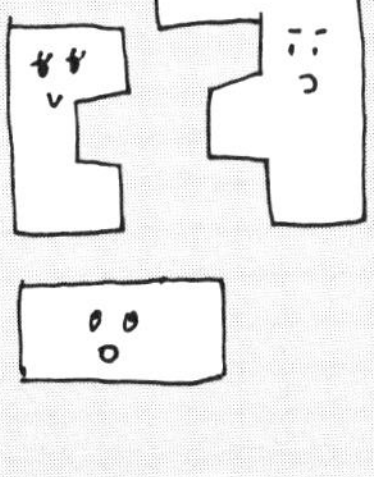

つがい❶しばざきとしえさん

半同居婚

「相方に夕飯を出すときは、一食1000円です」

しばざきとしえさん（40）。相方さんとは事実婚で、籍は入れていない。それぞれ同じマンションの別の部屋に住んでいる。この形で暮らしはじめて、ほぼ10年。扶養家族は、前夫とのあいだに生まれた娘（20）と、猫一匹。相方さんも、別の猫を飼っている。

著書『じつはウチ、フランス婚』（ＭＭＲ）と『オトナ婚』（エンターブレイン）は、しばざきさん自身の半同居事実婚生活を描いたコミックエッセイ。

Q いまの夫婦の形について、教えてもらえますか？

別居というより「別寝」？

まず、婚姻届は出していないです。

同居はしていないんですが、別居とも言いがたい。相方は自営でデザイナーをやっていて、同じマンションの上の階に住んでいるんですね。わたしも毎日そこで仕事してるんで、いっしょにいる時間がすごく長いんです。ご飯も、朝以外はいっしょに食べている。ふつうの夫婦と逆ですよね（笑）。

もし完全に別居してて、週末だけ会うような関係だったら、わたしは「いらないな」と思っちゃう。今日は寒いとか暑いとか、天気がいいとか悪いとか、どうでもいいことを、ちくいち言いあえるような距離じゃないと、わたしにとっては意味がないので。

だから、別居とはいえ、電車に乗らなきゃいけないような距離に住んでるのとは、またぜんぜん事情は違うと思いますね。寝るとき以外はほとんどずっといっしょなので、別居っていうより「別寝」？（笑）。

洗濯や掃除は、それぞれでやってます。彼のほうの仕事場エリアは、わたしも使うんで掃除しますけど、彼の居住スペースはやらない。財布も別です。

相方は、料理はしないですね。うちでわたしがつくった夕飯を食べるときは、一食

1000円もらってます（笑）。

同居でもないし、完全な別居でもない。そんなふたりの関係を、ここでは「半同居婚」と呼ばせてもらう。住まいも家計も別なので、稼ぎや家事の役割分担も存在しない。食事をつくるのはしばざきさんの役割だけれど、「一食1000円」と有料なので、これも分担とはいいがたい。面白いやり方だと感心する。

しばざきさんとはもともと、わたしが『じつはウチ、フランス婚』を読んでファンになったことから知りあい、この取材をお願いした。色白でショートヘア、意志の強そうな大きな目。どこか、シャイさが漂う。女子高時代は、後輩にかなりモテていたらしい。

Q この形にいたるまでの流れを聞かせてください

父を立てようとする母の苦労がすごかった

わたしはもともと結婚願望がぜんぜんなかったんです。だから「こんな夫婦がいいな」とか思ったことが1回もない。子どものころは、「たぶん結婚しないだろうなぁ」と思ってました。

やっぱり自分の両親を見ていたからでしょうね。母親がわりと、「じつはリーダーシップを取れるタイプ」なんですけど、あくまでも男の人がリードしているふうに、わざわざお膳立てをする。それを子どものころ見ていて、「ほんとうは母親のほうがなんでもできるんだから、どんどんやればいいじゃん」と思っていた。

母が、ものぐさな父を裏から操作するのは、すごく大変そうに見えました。たとえば夏休みに行く旅行の計画を立てるときは、母親がすっごい父親の尻を叩いて、「子どもたちもこんなに長い休みで、ずっと家にいてもしょうがないし」とかなんとか焚きつけてる姿を見て、「めんどくせ〜。いいじゃん、母親がぜんぶやっちゃえば」って思ってた（笑）。母と父のあいだの、そういう図式がほんとにイヤでした。

あの年代の人ってそうですよね。あくまで男親を立てようとする。そういう家の場合は、立てなくなったら崩壊なのかもしれないですけどね（笑）。

父親は、ほうっておけば1日中でも家でテレビを見てるような人だったので、それを動かす母の苦労が、すごかった。

母娘でダンナを糾弾するドツボにはまる

ところが、前回の結婚は、父親と似たようなタイプをうっかり選んでしまったんですよ（笑）。そんなの選んだつもりじゃなかったのに、フタをあけてみたら同じような、自分からは動かないタイプだった。

父に似ているところがあるもんだから、母も文句を言うんですね。自分の夫に対する不満を娘のダンナに投影して、「まったくおまえのダンナは」みたいな感じで、母娘ふたりで糾弾する（笑）。すごいイヤなドツボにはまってましたね、あの当時は。

それでまた元ダンナは、「そんなじゃ困るじゃん」とかちょっとプレッシャーをかけるとすぐ、制御不能で動かなくなるような人だったから、手に負えない。自信がなかったんですかね。それでだんだんと、わたしがあれこれ、いろんなことを指図するようになってしまった。しまいには、ほんとに一挙手一投足。

結局ほら、子どものころから「もっと母親がやっちゃえばいいじゃん」って思ってた部分が出たんでしょうね。わたしは「男の人を立てよう」とかいう気もまったくないから、もう子どもを扱うみたいな感じ（笑）。

そうするとだんだん元ダンナは、うまくいかないことがあると、わたしのせいだと言うようになってきた。「あのとき、ああ言うからああしたのに、こうなった」とかね（苦笑）。
指図するようになったのは、家計がいっしょだったから、っていうのもありますよね。そのときは、ほとんど元ダンナの収入に頼って生活していたわけだから、経済的に、逃げ場がないんですよ。子どもも小さいから、自分も思うように仕事できないし、よけい相手に期待しちゃうんですよね。

「相手に期待しちゃう」というのは、わたしも結婚中に感じた部分だ。結婚しているんだから、相手は「夫」なんだから、こんなふうにふるまうべきだ――。そうやって役割を期待することで不満をつのらせ、おたがいを追い詰めてしまったように思う。
いま、しばざきさんが相方さんと家計や住まいを分けているのは、前回の結婚と同じ轍《てつ》を踏むことをおそれる気持ちがあるからだろう。

「もう結婚はいいや」と思っていたが……

それに、元ダンナは、わたしの仕事もぜんぜん理解してなかった。「そんな絵を描いてどうすんだ、くだらない」みたいな言い方ばっかりして、「仕事すんな」とまで言われてましたからね。わたしは仕事をバリバリやりたかったから、「それじゃ、もう生きてる意味ないじゃん」って思っちゃった（笑）。

それで離婚です。わたしが「もういいから」と言って、出て行かせました。

そのときは、すごく浮遊感みたいなものがありましたね、根無し草になったような。それまではずっと、なにかに所属していたでしょ。親がいて子であるという立場だったり、学校に行ってれば生徒だったり、結婚していればダンナさんがいてその奥さんだったり、っていう所属感が、いっさいなくなったので。

子どもはそのとき4歳でしたから、もうとにかく先のことが心配で。「これからどうなるんだろう?」っていうので、必死でしたね。

離婚後5、6年くらいは「もう結婚はいいや」と思ってたんです。相手もいらないと思ってたし、若い男を見るのもイヤになってた。道を歩いてる男の人とか見ても「どうせこいつも稼がないんだろ（苦々しげに）」とか、誰を見ても、そう思ってました（笑）。

娘は一時期、「新しいパパがほしい」とか言ってたんですけどね。小2のころかな。ふとまわりを見回したら「うちって、お父さんいねーじゃん」と思ったらしく。道端を歩いてる人を指差して「あの人でいいじゃん」とか言ってた（笑）。でも3年生になったら

「やっぱりいらねぇ」って言い出したりして。

レントゲン技師にオスを感じる事件

が、そのころ、ある「事件」があってですね。

当時、背中がこったとき、マッサージがわりに、よく子どもに乗っかってもらってたんですよ。そしたら軟骨が割れちゃったことがあって、接骨院に行ったんです。

そしたら、レントゲン技師が機械を見るために、下のほうにこう、サッと寝そべってきたときがあって、そのとき、なんかすごく「ドッキーン」とかしてしまった（笑）。オスを感じたっていうんですか？

それで「わたし、このままじゃいけない！」って思った（笑）。そんな至近距離で男の人が寝ているのを、しばらくぜんぜん見ていないじゃないですか。「こういうことを思うということは、べつにわたしは女性として終わったわけじゃないんだな」と（笑）。これはね、けっこう大事件でしたよ。

離婚から5、6年経って、ちょっと余裕が出てきたんですかね。それで「このままじゃいかん」ということで、それからはめちゃめちゃいろんなところに行きました。

レントゲン撮影という無着衣な状態に「サッと寝そべるオス」が加われば、そういうシチュエーションと「ご無沙汰」している自分を意識せざるをえない。話の意外な展開に笑ってしまったが、これは離婚女性の多くが共感する「あるある」シチュエーションではないだろうか。危機感を抱いたしばざきさんの、それからの行動は早かった。

「ご飯を美味しそうに食べる人」が鉄則

バイト先でも、社員なんかひとりしかいないちっちゃな会社だったんですけど、「いま、結婚・再婚相手募集中デース！」とか、やたらと言ってた（笑）。でもね、なんでも、思ったことは口にしといたほうが、人生が開けると思うんですよ。

バツイチ限定のお見合いパーティにも行ってました。バツイチの人のほうが、結婚に希望を抱いていないだろうから、いいと思ったんです（笑）。だけど当時わたしは20代だったので、バツイチだと男の人の年齢がめちゃめちゃ上だった。あとは、不吉な感じの人が寄ってきちゃったりして。だからそこではぜんぜん、なにもなかったですね。

相手を探すにあたって、ひとつ決めてたのは「ご飯を美味しそうに食べる人」ということです。そこが鉄則だと思っていた。ご飯食べてるときに「これ美味しくない」とか「これ嫌い」とかいう人は、絶対イヤだと思ってた。だいたい、ご飯をうまそうに食う人は、ネガティブじゃないですよ。それが、いちばん大きかったですね。

もうひとつ、職業は「グラフィックデザイナー限定」って決めてました（笑）。まず、自分の仕事を理解してくれる人じゃないとイヤだった。自分がイラストレーターだから、デザイナーなら同じエリアで話があう。でも同業ではないから、違う目線で語りあえる。絵描き同士だったら目線がいっしょだから、絶対ケンカになりますからね。

いまの相方は、「ご飯を美味しそうに食べる」「職業がグラフィックデザイナー」という、その二大条件を満たしている（笑）。

「グラフィックデザイナー限定」とは、またずいぶんと狭く絞り込んだだが、しばざきさんは自分にとっていちばんだいじなもの（＝仕事）を見極められたから、この条件を導くことができたのだろう。そして実際、この条件を満たすいまの相方さんとはうまく連れ添っているわけだから、それは正しい判断だったといえる。

プリンスファン仲間だった相方との再会

相方とは、もともと仕事の関係で面識があったんですよ。離婚直後くらいからかな。そのときは、ただの仕事の取引相手でしたけどね。

それから6年くらい経ったとき、相方が「田舎に帰ることになった」って電話をよこしたんです。毎年、年賀状をやりとりしてたのと、音楽の趣味が共通してたっていうのが大きかったと思います。おたがい「プリンスファン」っていうのは、仕事してるときから知ってたから。それで、なにか引っかかったんでしょうね。

それで「帰るまえに、いっしょにご飯でも食べないですか」みたいな感じで誘われて会ったら、「この人いいじゃん」と思った（笑）。でもそれから相方は田舎に帰っちゃったので、1年ぐらい遠距離恋愛だったんですよ。でも、その1年があったから、逆によかったのかも。

向こうにいるあいだ、2、3回ぐらい別れ話も出たんですよ。たまに向こうが弱気になって、「こんなダメな男のために（しばざきさんを）待たせるのも申し訳ないから、もうあきらめてくれ」みたいなことを言ったりして。でも、そういう別れ話が出たあとに「やっぱりいっしょにいたいよね」っていう確認ができた。その1年で、ぬか床みたいに関係が熟成された。

ただ、この遠距離状態が何年も続くっていうのは、よくないと思いますよ。1年だから、ちょうどよかったのであって。

それでまた、相方が東京に出てきたんです。そのときは、うちの近所にマンションを見つけて住んでた。そのうち、うちのマンションの上の階が空いて移ってきました。それがちょうど10年前くらいですね。

いっしょにいる自然な状態が「事実婚」だった

その時点では、再婚（法律婚）とかはべつに考えてませんでした。「じゃ、仕事がんばっていこう！」みたいな気持ちばっかりが先行してたので。娘も、ちょうどそのとき思春期でしたから、再婚っていうのはやっぱり難しかったですしね。苗字のこともあるし。

でも、相方も最初から「結婚相手を探してる」って言ってたし、わたしも「お見合いパーティ行ってるんだ」みたいな話をしてたから、軽い付きあいでもなかったですよね。「人生のパートナーだよね」っていう感じ。

最初はおたがいに、「ちょっと様子をみるか」みたいな感じもあったんですかね。「この人だよな」とは思いつつも、「細かいところでうまくいくのかな？　子どももいるし」みたいな感じだったのかも。

その後も「結婚（法律婚）」という形を整えようとは思わなかったのは、結局わたしのほうが1回失敗してるから、そんなものを早々に整えたからって関係が確かなものになるわけじゃないし、逆によくないことのほうが多いだろうって思ったのもあります。彼は結婚したことないわけだから、そんなこと思ってなかったと思いますけどね。

でもまあ、それ（婚姻届を出していない状態）で困ることもないし、居心地もよかったですしね。それで、そのまま来ている。

自分たちのことを「事実婚だな」って思うようになったのは、じつはあの本（『じつはウチ、フランス婚』）を書いたのが大きいです。それまでは人に説明するときにすごく大変だったんですけど、それが「ああ、なんだ、うちはこれか」と。

だから、最初から事実婚を目指していたわけではなく、自然といっしょにいる状態が先にあって、名称は〝あとづけ〟だったんですね（笑）。

居心地のいい形で暮らしていたら、それが事実婚というものだった――。しばざきさんが事実婚で生活する理由は、とてもシンプルである。

とくに子連れ恋愛の場合は、入籍すると自分と子どもの苗字が別になるという問題があるため、彼女のように事実婚の状態で、そのまま過ごしているカップルは多いようだ。一般的には「結婚＝入籍」と思われているけれど、じつは入籍をしなくたって、だいじな人とつながっていくことはできる。

Q いまの形を選んだ理由と、この形のメリットを教えてください

船の「へ先」にいる風通しのよさ

籍を入れるっていうのは、自分にとっては「型にはまる」ってことなんです。逆説的ではあるんですけど、入籍すると、相手に役割を求めるかもしれないと思うし、自分も役割を果たさなきゃいけない気がする。おたがいがおたがいを、型にはめる感じがするんです。そしたらやっぱり、自滅しますよね。そんなことされたら、誰だって疲れちゃう。

あと籍を入れちゃうと、主従関係ができたみたいな感じがする。だってねぇ、戸籍って「筆頭者がいて、その下になにかいる」みたいな書き方でしょ。住民票だって、いっしょ

に住むと「世帯主」とかいって誰かがリーダーみたいに書かれるのも、すごく心外だなと思う。「なんでおまえがヌシなんだ?」みたいな（笑）。ドイツとかだと、住民票も「どっちが偉い」みたいな書き方はされてないらしいですよ。

わたし、船に乗ってるとき、先頭にいたいタイプなんですよ。前に人がいてほしくない（笑）。どんなちっちゃい船でも、どんなボロ船でもいいから、「へ先」にいたい。豪華客船の客室にいたくはないんですよ。とにかく風通しのよいところにいたいんですね。

さっきの話になりますけど、母親が父親を動かすことでなにかが決まるとか、そういう面倒くさいエネルギーの流れがイヤ。なにかやろうと思ったとき、ストレートにやりたいんですよ。身軽でいたい。そのぶん、責任はかぶります。自由ということは、それだけ責任を伴うっていうことだから。なにか自分がやったことで、人のせいになるのもイヤ。

いまの状態はね、まさに「へ先」に立ってる感じです（笑）。ほんとに、さわやか。風に吹かれている感じが、すごくする。だからたぶん、籍を入れたり、完全に同居しちゃったりすると、わたしにとっては船の客室に入って、ぬくぬくしてる感じになっちゃうんです。「空気わりぃよ」みたいな。

「籍を入れるとおたがいを型にはめる感じがする」というのは、わたしも共感する部分だ。相手に役割を求めると同時に、自分も「妻だから、こうしなければならない」と思うことで、たがいに息苦しくなってしまう。人によるだろうが、こんなふうに感じてしまうタイプの人は、無理に届け出をせず事実婚でいるほうが、良い精神状態を保てるかもしれない。

ひとりの時間を確保できること

いっしょに住まないのは、「自分は自分でひとりの人間である」という意識をもちやすいからっていうのもあります。ひとりの時間をもつために、そうしてるところはある。

その「ひとりの人間でいたい」っていう気持ちは、デカいです。誰にも属したくないし、自分に属してほしくもない。変な言い方だけど、孤立していたい（笑）。もうね、男だ女だすら関係ないんですよ、ひとりの人間でいたい。

あのね、わたしのなかでは、結婚生活がイヤだったらひとりで旅行に行って発散すればいいやとか、そういう考え方は絶対ないんですよ。日々の生活にハレとケがあるならば、ケのほうをだいじにしたい人間だから、日常生活をすごくだいじにしたいんです。ハレとか、イレギュラーなことはどうでもいい（笑）。だからこそ、いつでもひとりの時間を確保できるように、距離をとっているんですね。

といっても、最近は午前2時とか3時までいっしょにいるから、ひとりの時間って、ほんとに寝てるときだけですけどね。でもたまに「なんか今日顔あわすのやだな」とか思ったときは、1日会わないときもある。自分の部屋でずっと本を読んでいたりとかね。

向こうも向こうで、就寝前は、2時間ぐらいひとりでいる時間がないと寝れないっていうんですね。だからわたしがもし午前3時にうちに帰ると、5時とかに寝てるんじゃないですか。

おたがいそういう人間だから、ちょうどよかったんでしょうね。

なお、しばざきさんの場合にやや特殊なのは、相方さんも彼女も自営で、仕事場を共有しているため、ひとりの時間を確保するためには住まい（寝る場所）を分ける必要があるという点だ。自営の夫婦でもなければ、わざわざ住まいを分けなくても、あるていどはひとりの時間を確保できるだろう。

すべてが目に入る「近さ」はイヤ

あとは、いっしょに住んで指図魔になってしまうのを避けたいっていうのもある。結婚してたときは、あとから考えると、ホントにどうでもいいようなことを、ちくいち言うようになっちゃったんですよ。「なんで雨なのに洗濯物取り込まないんだ」とか、「インモーが落ちてる」とか、そういう、ほんとつまんないことばっかり言い出すから（笑）。だからいまは、仕事で彼の部屋にいるときも、なるべく言わないようにしてますよね。それはやっぱり別の世帯っていうか、別の部屋だからできるのかな。

いくら近くに住んでいても、玄関が違うっていうのは、同居とはぜんぜん違う意識ですよ。同じ居住空間だと、どんなに広くても逃げ場がない。たとえば、インモーが一本落ちてるとして、いまだったらわたしがいないあいだになくなってるかもしれないけど、居住空間がいっしょだと、今日落ちてたインモーは明日も絶対落ちている（笑）。「自分がいないあいだの出来事」という部分がなくなって、ぜんぶ自分の目の前で起きるでしょ、それがイヤ。

それからわたし、起きたときのボケッとしてる状態を見られるのがやだな、みたいな気持ちもあります。自分のイヤなところを、あまり見せたくないと思ってるんでしょうね、きっと。キレイごとっちゃ、キレイごとですよね。

うちから仕事場に行くときも、ただ上のフロアに行くだけなんだけど、いつもちゃんと化粧してるので、相方に「よくそんなに、ちゃんとしてるねぇ」とか言われる。だから、どこか他人行儀なところがあるんでしょうね。

恋愛中って、3年ぐらいで脳内モルヒネみたいなのが切れるっていうじゃないですか。それを3年で出しきらず、チョビチョビ出してる感じ？　いまが同居して7年目かな。でも、いくらチョビチョビ出してても、そろそろ切れんのか（笑）。

2倍の家賃負担と引きかえの快適さ

あとは、関係が悪くなったときに惰性でいっしょにいたくないから、別に住んでるっていうのもあります。もしそうなったとき、すぐ切り離せるように、経済的にも精神的にも自立してたいから。

「ああ、もうこの関係は不毛だよ」と思ったとき、いろんなものを共有しちゃっていると、切り離しがすごい大変ですからね。「また一からリセットかよ」ってなる。それで、惰性でいっしょにいるっていうのがイヤ。

友だちで、ホントにいるんですよ。ダンナを憎んでて「早く死んでほしい」って言っててる人が。そんな負の感情を抱いて、よくいっしょに生活できるなと思う。

とはいえ、家賃は単純に2倍かかるわけだから、経済的に「どこまでいけるかな？」と思っている面はありますけどね。この生活は、おたがいにがんばらないと維持できない。でもやっぱりその負担を引きかえにしても、いまの生活のほうが快適だから、こうやっているんですよね。この状態を続けるためにがんばってる面もある。もしこの家賃がなかったら、「まぁいっか」とか言って、仕事しないかもしれない（笑）。

先々のことはわからないですけどね。娘がいま20歳なんですが、もし今後家を出て、相方とわたしのふたりになった場合は、やっぱり「同居もあるのかなー？」というのはある。まあ、そんときはそんときですね。

つけ加えると、しばざきさんと相方さんが住む東京都内の集合住宅は、立地的にかなり家賃が高そうである。こんなところに住むなら、なおさら同居したほうがお金を節約できるのに……と八タメには思ってしまうところ、しばざきさんは「その負担を引きかえにしても、いまのほうが快適だから」と、この生活を選んでいるのだった。

＊ その後、原発事故による放射能汚染を避けて、名古屋に移住。現在は同居している。

甘やかさず、「あんたは仕事をがんばれ」と言う相方

相方も、仕事面ではけっこう厳しいですよ。ぜんぜん他人みたいな感じですからね。すごくきっぱりしてる人だから。

「自分が養おう」みたいな気はいっさいない。いっしょにご飯食べにいったときにおごってくれたり、なんか買ってくれたりとか、そういうのはあるけどね。でも、生活費を自分が面倒みてやろうとか、そういうのはない。

なんかほら、へこんでるときってあるじゃないですか。そういう「ちょっと頼りたいかなぁ」みたいなときも、向こうは甘やかす素振りをちらっとも見せず、「なに言ってんの、がんばればいいじゃん！」みたいな感じです。

「俺が稼ぐから、やんなくていいよ」なんて、ひとっことも言いませんからね。それより「あんたはできるんだから、仕事をがんばれ」と言ってくれる。あ、なんか尊敬されてんですよ、わたし（笑）。

で、その「がんばれ」っていうところについては、すごく厳しい。「そんなことでウジウジしてないで、やろうと思ったら、どんどん営業に行ってやれ」とか、そういうところはすごいビジネスライク。精神的な癒着がない。

●しばざきとしえ『オトナ婚』(エンターブレイン)より
編集は筆者が担当

たまにはね、「ちょっとは養おうという気はないのか?」とかいう考えが頭をかすめたりもするけど、でもわたしも「いやいや、自分にとってもそんなのはイヤなんだった」と思い出す(笑)。

夫婦って、一人ひとりが「自分が大黒柱だ」と思わないとダメだと思う。「おまえが大黒柱だろ? わたしは補助なんだから、休みたいときは休むんだよ」みたいになって甘えだしたら、キリがないじゃないですか。

ふたりとも並列なヒラ社員でいたい

とにかく上下関係をつけないのが、夫婦が長続きする秘訣だと思います。一人ひとりが「ひとりの人間である」という意識でいることですね。

まあ、わたしだって助けてもらうときもないわけじゃないですから、意識の問題ですかね。「基本はひとりとひとり、ときには助けあう」みたいな感じ。

「助けてる」とか「助けられてる」という意識をもつことも、だいじなのかもしれないですね。どっちかが「大黒柱は俺だ」みたいな状態だと、「助けてる」とか「助けられてる」とか、おたがいに思わないじゃないですか。助けられても「当たりまえだよ、おまえの仕事だろう?」と思っちゃう。その馴れあいがいやですよね。「やってもらって当たりまえ」って思うようになっちゃったらダメ。
どちらかが代表になるのではなく、どっちも代表ではない状態ですね。会社でいえば、ふたりともヒラ社員です。並列でいたい。そうすると、助けてもらったときもうれしいんですよね、やっぱり。「わー、助けてもらったよ！」みたいなね（笑）。

わたしは役割分担はあってもいいと思うのだが、「気持ちのうえで、夫婦が並列でいる」ことは、たしかに必要だろう。「ひとりの人間である」という意識で、たがいに助けあうこと、それが「夫婦を長続きさせるコツ」であるとしばざきさんは考えている。

Q しばざきさんにとって、彼はどんな存在でしょう？

真逆のところがあるからこそ、かみあう

肝心なところでは、けっして思うとおりにならない人なんですよ。ふだんくだらないことは「はいはい」って聞いてくれるんだけど、肝心なところは違う。自分に思いもよらな

い面をもっているところが、あなどれない（笑）。

たとえば仕事先の人と話してても、苦手な人が真逆。わたしが「この人ぜんぜん大丈夫」と思ってしゃべってる人が、相方にとってはすごく苦手とかね。そういうところがあるからこそ、うまくかみあってる。その思いがけない面、未知の部分があるからこそ、面白いんじゃないですか。

調子のいいときと悪いときのバイオリズムも、バラバラなんですよ。わたしが「やるぞ、うぉーい！」とか勢いづいてるときは、向こうが「どよーん」としてるし、わたしがどんよりしてるとき、向こうは「なに言ってんだよ、ハハハ！」とか言ってたりする（笑）。

ふたりとも「行くぜ！」とか言ってるときがないですからね。

Q おたがいの親はどんな反応ですか？

娘が戸籍上独身のほうが、親は安心？

うちの親は、なんとなく「娘が戸籍上独身のほうが安心」みたいな気持ちがあるんじゃないかな。昔の人ってどうしても、女の子は「ヨメにとられた」っていう意識があるじゃないですか。だから、むしろ結婚（入籍）しないでいてくれたほうが「自分たちになにかあったとき、身軽に動いてくれるのでは」みたいな期待はあるんじゃないですかね。

いま、そういうので結婚できない人も多いじゃないですか。親がしがみついてくるから、「その親もろとも引き受けてくれる相手とじゃないと、結婚できない」とか思っちゃう。

「いないわ、そんな人」みたいな話ですね（笑）。

向こうの親には、何年かまえ、「そろそろ結婚（入籍）はどうなんだ」みたいに言われたことはありますよ。やっぱり、ちゃんと婚姻届を出して籍を入れてほしいと思ってるんですよね。それは「悪いな」とは思いますけど、だからって、そっちを優先したら関係自体が壊れると思うので、どっちにしても無理なんですけど。

彼の親に対しても、彼に対しても、「彼の子孫を残さず死んでいくのか」ってことに関して、ちょっと負い目はあります。だからもしかしたら、うちの娘が自立したら……産む？　みたいなことを考えないではない。まあ先のことはわかんないですけどね、わたしの年齢の問題もあるし。


余談になるが、以前わたしはしばざきさんに、子連れ再婚カップルのイラストを依頼したことがある。そのとき「女性の側にだけ子どもがいる設定で描いてほしい」と伝えたところ、しばざきさんは「それでは男の人のほうがかわいそうに見える」と考え、カップルの両方に子どもがいるイラストを描いてくれた。相方さんに子どもがいないことを、しばざきさんは内心けっこう気にしているんだな、と感じた出来事だった。

Q　失礼ですが、別に寝るということは……、そういうほうは？

「ぬくもりを求める」部分を、猫がもっていく

たまーに。すっごい、たまーにですよ（笑）。

っていうのは、猫を飼いはじめて、いま2匹いるんですよ。まず彼のほうが3年くらいまえに1匹飼って、それから去年の秋、うちに1匹来た。猫中心になって、暮らしがぜんぜん変わっちゃいましたね。

「ぬくもりを求める」とかそういう部分を、猫が補っちゃうから。落語で「なんで結婚したんだ?」と訊かれて、「だって寒いんだもの」ってこたえる小噺があるんですよ。そういう、人間同士が寒いからちょっとくっつく、とかいう部分を、意外と猫がもっていく

（笑）。だから単身の人は、犬とか猫とか飼うと、縁遠くなっちゃうからダメだと思いますよ。それで満たされちゃうから。

猫は、相方にとっては、子どもがわりみたいな感じだったんじゃないかな。唯一、自分の保護下にあるもの、ですよね。「俺を全面的に頼ってくれるのは、こいつだけ」みたいな。仕事が終わって解散すると、わたしは帰れば娘とふたりなのに、彼はひとり残される。でも猫がいることで、「2対2じゃん」みたいなね（笑）。

まあ全体的には、猫が来てよかったですよ。ふたりで言い争ったりしてると、猫が嫌がるんです。邪魔してきたり、暴れ出したりして、仲裁に入る感じがあるんですよね（笑）。そもそも、猫が来てからあんまりイライラしなくなりましたし。猫は癒し効果、ありますよ〜。

Q おふたりの関係って、夫婦って、なんでしょう？

包丁と研ぎ石のような関係

自分たちの絆っていったら、尊敬と信頼ですかねぇ。あとは会話かな。

わたしたちはおたがい「包丁」と「研ぎ石」みたいになってるんです。毎日毎日、いろんなこと考えますよね、猫がどうしたとか、日本はこれからどうなるのかとか、細かいことから大きいことまで（笑）。そのときに、ひとりで考えていても悶々としてくるから、おたがいに話しあうことで、磨き磨かれあっている。

だからやっぱり、おたがいに尊敬したり、意見交換したりということができなくなったら、おしまいでしょうね。磨き、磨かれる間柄でなくなったときは。

夫婦っていったら、とにかく「一生もののパートナーシップ」ですよ。それ以外のなにものでもない。

ついでにいうと、事実婚でも、いちおう法律上は、貞操の義務があるんです。だから事実婚でも、浮気で賠償金（慰謝料）を取れる。でも、知らない人がけっこう多いんじゃないですか。「事実婚だったら浮気し放題なんじゃないの」とか思われがちですよね。でもうちの場合、それは法律のあるなしにかかわらず、ない。

夫婦とは、一生もののパートナーシップ（関係）である――。これがしばざきさんの定義だ。実際には、人生の途中でその相手が替わることもままあるが、少なくとも夫婦として連れ添う時点では、みんな「一生」の心づもりでいるのは事実だろう。

法律だって自分たちが生きやすいように変えていい

結婚制度のことでいうと、たとえばフランスだと「自分たちの生きやすいように法律を変えようぜー」っていう考え方がすごくあるんですね。事実婚も、もともとその実態があったからこそ、パックス*が整ったわけです。

でも日本人ってそういうふうじゃなくて、制度や法律を、「ある日、広場にタテ札が立って、〝おカミ〟からのお達しがあった」みたいに考えてるじゃないですか、いまだに（笑）。「法律も、現代人の生き方にあわせて、変えていいんだ」ってみんなが思わないと、変わんないんじゃないかなって思います。

よく「フランスでは事実婚が多い」って話をすると、すぐ「ああ、フランスはパックスがあるから、事実婚でもいいんじゃないの」って言われるけど、逆じゃないですか！　もともとそういうカップルが多かったから、あとから制度が整ったっていう背景がある。

でも、すぐそういうふうに「ここはフランスじゃないんだから」とか言われちゃう。違うっちゅうの、どうも「おカミのお達し」的な発想が、邪魔をしている（苦笑）。

＊「パックス」とは、1999年にできたフランスの法律。同性カップルにも異性カップルにも適用されるパートナー法。税金面や財産権などにおいて、婚姻関係に準ずるメリットが与えられる。一般の婚姻と比べ、離婚の手続きが簡単であり（フランスでは一度結婚すると離婚の手続きが大変）、貞操の義務はない。

制度が自分たちのニーズと合わなければ、無理に婚姻届を出す必要もないし、制度自体を変えたってよい。けれど、日本人にはたしかに、あまりそういった発想がない。結婚の話に限らず、法律や制度を「自分たちの生き方にあわせて変えていい」という意識をもつことは、いま、この国のあらゆる面で求められているのではないか。

Q これから結婚する人へのアドバイスはありますか？

まずは自分がどんな人間なのかを知ること

べつに「法律婚にとらわれなくてもいいんじゃない」と言うつもりもないんです。法律婚だろうが事実婚だろうが、どんなことでも表と裏があるから。どれが自分に合うか、ですもんね。

でもやっぱり、パートナーシップをどうするかよりも、まず「自分はどういう人間なのかを知ること」のほうが先じゃないですかね。でないと、自分がどうしたいのか、どういうのが自分に合ってるのか、わかんないじゃないですか。

自分がどんな人間かということを徹底的に考えて、自分を等身大で見れるようになったら、そのあとは突っ走ればいいと思うんですよ。

「あー、この人といっしょにいたい」と思えばいっしょに住んじゃえばいいし、結婚（法律婚）したいんだったら、さっさとすればいい。相手ありきの行動も起こしていかないと、どういう相手が合うのかもわからないじゃないですか。二の足踏んでばかりで行動力が足りない人が多いですよね。失敗するのもだいじですよ（笑）。

おとしまえつけられるんであれば、やりたい放題やっていいと思うんです。不道徳だろうが道徳的だろうが、なんでも。ただし、人のせいにするなということ。自分で、つじつまさえあわせられれば、あとはなんでもアリですよね。経験にもなるし。

つがい❷光本歩さん

別居婚

「いっしょには住んでいないけど、でも家族は家族です」

「ダンナとはいっしょには住んでいないけど、でも家族は家族ですね。夫婦というよりも、きょうだいみたいな感じ。やっぱり心から信頼できる相手がいるっていうのは、支えになる部分があります。仕事のことでもなんでも、困ったときは相談する。わたしの専用カウンセラーみたいな人。形ではないんですけど、相手を信じられるんです」

3年前に婚姻届を出して以来、別居婚を続けている光本歩さん（22）の言葉だ。世の中には「同居してこそ夫婦」と考える人が多いものだが、光本さん夫婦はあえて、別居での生活を続けている。

現在、光本さんは実家のある熱海に住んで塾を経営しており、一方、バングラデシュ人のダンナさん（29）は都内在住で貿易会社を営んでいる。熱海と東京は新幹線に乗れば片

道50分ていどの距離だが、それぞれの家から家まで移動すると2時間弱はかかる。現状、ふたりが顔をあわせるのは、せいぜい月に1、2回だという。

「基本的には、わたしが仕事で東京に行ったとき、彼のところに泊まるのが多いですね。お正月やお盆は彼がうちに来て、みんなでご飯を食べにいったりもします」

わたしが光本さんに話を聞かせてもらったのも、彼女が仕事のため東京に出てきたときだった。鎖骨の辺りで切りそろえられた、茶色いストレートの髪。丸顔でやさしい雰囲気だが、その目は冷静で「経営者なんだな」と感じさせる。自分の塾の仕事をするほか、ダンナさんの会社の業務も手伝っており、いつも忙しそうな様子だ。

もともと光本さんとは仕事の関係で面識があったのだが、まだ若いので独身だとばかり思っていた。あるときたまたまツイートをみて、彼女がじつは既婚者で、しかも別居婚をしていることを知り、話を聞かせてもらうことにしたのだった。

家族をだいじにする人とわかって、交際をOK

光本さんが彼と最初に出会ったのは、いまから5年前、高校3年のときだった。彼女が当時アルバイトしていたレストランに、彼がお客としてときどき訪れていたのだ。その後、光本さんは東京の大学に進学した際に彼の誘いを受け、彼の会社でアルバイトを始める。
まもなく交際を申し込まれたが、最初はまったく乗り気ではなかったという。

「うちの両親は、わたしが小学生のときに離婚しているんですね。それまでのあれこれをみてきたので、結婚したいとか彼氏がほしいとか、思ったことがなかったんですよ。だから（つきあってと）言われたときも、最初は断ろうと思ったんです」

だが、仕事をとおして彼と接するうちに、彼女の気持ちは変わっていった。いちばんのきっかけは、彼が「家族をだいじにする人だな」と気づいたことだった。彼の両親はすでに亡くなっているのだが、光本さんが父子家庭で育ったことを話すと「それなら、お父さんをだいじにしないといけないね」と、彼女がいちばんわかってほしい部分を受けとめてくれたのだ。

「わたしはやっぱり、いちばんに家族（父と妹）をだいじにしたかったんですよね。それで『ああ、この人けっこういいな』と思って（つきあいを）OKしました」

その後、光本さんは事情により大学を中退して就職。その際、職場が彼の家に近かったことから会う頻度がさらに増え、おたがいの気持ちが高まっていったのだった。

きっかけはビザだけど、ほんとうに好き

婚姻届を出したきっかけは、彼の就労ビザが切れたことだった。つきあいはじめて約1年が経ち、そのころには光本さんも彼のことが「けっこう好きになっていた」ので、彼が自国に帰らないですむよう、配偶者ビザをとれるようにしようと考えたのだ。

「この話をすると、よく『ほんとうに好きなの?』とか聞かれるんですよ(笑)。『ビザのためでしょ?』って。でもほんとうに好きだし、別れるっていう気もべつにない」

もちろん、彼女も悩まなかったわけではない。やはり結婚というのは一大事なので、即断はできなかったという。

「でも、この人ともし別れたら、わたしは一生結婚はしないな、と思ったんですよ。結婚も、たぶん恋愛もしない。もともとそういう願望がなかったですから。だったらべつに、好きなんだし、結婚してもいいじゃん、って思ったんです。

それに、ダンナを父に会わせてみたらすごく話が合ったんです。どこか似てるんですよ、外人なんですけど(笑)。父のこともだいじにしてくれるし、会っているとき父も楽しそうにしていたので、それも決め手になりました」

つきあいはじめて2年目、光本さんは彼との婚姻届を提出した。

やりたいことをやるための別居婚

住まいは結婚当初から別々だった。当時は光本さんも都内で働いていたので、同居も可能だったのだが、彼女の勤務がシフト制で、ときには明け方まで残業することもあったため、別居がベターと判断したのだ。

「彼には『いっしょに住もうよ』って言われたんですけど、生活リズムがぜんぜん違ったので、絶対わたしがイライラするなと思って、彼にもそう言ったんです」

翌年さらに光本さんは、実家のある熱海に居を移す。それまで彼女の父親と妹は伯母（父の姉）の家に身を寄せていたが、父がストレスから病に倒れたため、彼女は自分が熱海で仕事をはじめ、ふたりの生活を支えようと考えたのだ。

光本さんはもともと教員志望だったこともあり、都内で働いて貯めたお金を元手に物件を探し、塾をたちあげることを決めたのだった。

このときはさすがにダンナさんも驚いて、不満を口にしたものの、彼女が「これがわたしのやりたいことだから、やってもいい？」というと、同意してくれたという。

「なんでもOKするんですよ、人がよすぎるんですけど」と、光本さんは笑う。

以来、現在にいたるまで、ふたりは熱海と東京での別居婚を続けているということだ。

子どもをもつときは、いっしょに住むと思うけど

なお、子どもについては「いまはつくる予定はない」と光本さんはいう。「もしつくるなら、いっしょに住むつもり」だが、彼女は今後も熱海を離れるつもりはないし、ダンナさんのほうもいまは仕事が忙しく東京を離れられないため、同居は難しい。そのため「まだだね」という話になっているのだそうだ。

現在、彼女の年齢は22歳。出産リミットまでには、たしかにまだまだ余裕がある。だが、いつかは決断が必要になるだろう。どちらかの状況が変わって、いっしょに暮らせるようになったときに子どもをもてればベストだが、もしも状況が変わらなかった場合は、なにかをあきらめる必要が出てくるかもしれない。

別居のまま子どもをもつことをあきらめるか、あるいは子どもはもつものの、ふたりでの育児をあきらめるのか、あるいはまったく別の突破口を見つけられるか——。

なにを選んでも、けっして間違いではないと思う。そのときにふたりが、後悔しない選択をしてほしいな、と願う。

別居婚派の言いぶん

＊子連れ事実再婚をしたのち、やむをえない事情により同居を解消したKさん（39）。さらに最近、彼はブラジルに赴任してしまったのだが――。

「彼はもう、わたしの家族ですから。たとえば、いまわたしの姉はメキシコにいるんですけど、遠くにいるからって、お姉ちゃんがお姉ちゃんじゃなくなるわけじゃないでしょ？　彼がブラジルに赴任するのも、同じです。

　赴任後も、1日7～8回はメールでやりとりしているし、週末はスカイプで3時間くらいしゃべっているので、遠さを感じないですね。もしかしたら、近くに住んでたときよりも、連絡がすごくとれてる感じがして、寂しくないかも。だんだん慣れたら、寂しくなるかもしれませんけどね。触れられないこととか（笑）」

　だが、わたしがこの話を聞かせてもらってから約半年後、Kさんは彼と別れてしまったという。

「いまになると、やっぱり『いいとこどり』だったのかも、とも思います。楽しいことだけじゃなくて、いっしょに生活して、辛いことや苦しいことも共有してないと、ダメだったのかなって」

　ところが……。この本が完成する直前に連絡をとったところ、彼女はこのときの彼と復縁していた。ようするに、同居でもダメになるものはなるし、遠距離でも続くものは続く、ということだろうか。

アンチ別居婚派の言いぶん

＊3年前に結婚したCさん（33）。別居婚には否定的。

「わたしにとっては、いっしょにご飯を食べる、っていうところが重要なんです。だから、いっしょに住まないっていうのは意味がなくなっちゃう」

＊つがい❸子連れ初婚の竹本さん（40）も、アンチ別居婚派。

「わざと別々に暮らしてるよ、だけど籍はいっしょだよっていうのは、やっぱり稀なケースですよね。だって家賃は2倍かかってるし『非効率的だな』としか思わないです」

わたしの印象では、事実婚をしている人は、わりあいアンチ別居婚派が多いように感じられた。逆に別居婚の人は、入籍にあまり躊躇《ちゅうちょ》がなさそうだ。

一見反対のことをしているようだけれど、でもじつは、別居婚の人も事実婚の人も、関係を永続させる（ような気にさせてくれる）「なにか」を求めているという点では、同じではないだろうか。事実婚の人は同居に、別居婚の人は入籍に、その「なにか」を求めるのではないか。

つがい❸祝明子さん

「〝なんでも夫婦で〟って、しなくていいのよ」

おめでた事実婚

祝《ほうり》明子さん（仮名・47）。福岡県在住。
現在のパートナーとは11年前、妊娠を機にいっしょに暮らしはじめた。事実婚で、入籍はしていない。おたがいに再婚で、ふたりのあいだに生まれた子どもは今年で10歳。彼のほうには、別れた前妻のもとに、もうひとり子どもがいる。
現在のパートナーと家族をつくるまでの道のりを記した『事実婚は私の幸せのカタチ』（文芸社）を執筆、２００５年に自費出版している。

Q この形にいたるまでの流れを教えてもらえますか？

「入籍してみたら、よけい嫌いになりました（笑）」

まえの結婚相手は、会社の後輩だったんです。出会ったとき、わたしは別の人と婚約中で、結納まですませてたんですけど、それを婚約破棄して、まえのダンナと結婚したんです。いま思うと、ほんっと人騒がせな、ねぇ（笑）。

でね、最初は、籍を入れていなかったんです。名前が変わるのがイヤだったんですよ。なんかこう、自分が自分じゃなくなるような気がして。

大学に入ったときに上京して以来、ずっと東京にいたんですけど、結婚してすぐ、彼（まえのダンナ）が転職して神戸に移ったんですね。そうしたらまわりは知らない人ばっかりだし、奥さんとか呼ばれて、そのうえ自分の名前も変えてしまうのは、すごく不安だったんです。ふつうの人からすれば、それ自体おかしいんでしょうけどね。でもあとで思うと、そうだったんですよ。名前を変えるのが、すごくイヤだった。

ダンナとは、ほんとによくケンカしてました。彼は転職したばかりで、会社になじもうと遅くまで仕事をするし、誘われれば飲みにいくから、家のことはほったらかし。

それまでわたしは、東京で毎日がとても充実していたので、「なんでこんな男についてきて、こんなマンションのなかにひとりでいるんだろう?」とか思っちゃった。夜遅くにダンナが酔っぱらって帰ってきたりすると、すっごい腹立つんですよね。

半年くらい経って、「もしかして籍を入れたほうが、連帯感が生まれてうまくいくかな？」と思って籍を入れてみたんですけれど、結果は逆だった。「なんでわたしがあなたの名前を名乗らなきゃいけないの！」みたいになって、よけい嫌いになりました（笑）。

2年くらいして彼が転勤になって、やっとふたりで東京に戻ったんです。そうしたらもうわたしは、友だちの家に身を寄せっぱなしで、家に帰らなくなった。そのうち「もう時間がもったいない」って思って、実家のある福岡に帰ってきたんです。もともと、大学を出たらこっち（福岡）に戻って、父の会社を手伝う約束でしたしね。


待ちあわせをしたのは、博多の地下街。現れた祝さんは、美貌の人だった。高級服を扱う仕事をしているだけあって、全身から品が漂うが、それでいて気どりがない。カラカラとよく笑いながら、話をしてくれる。

都内の有名大学を卒業したあと、祝さんは当時「女子大生人気ナンバーワン」だった企業に雇用機会均等法第一世代として入社。バリバリと働いていた。最初に婚約していた彼は、仕事もできて仲間からも人気のある「立派すぎる人」だったが、そんな彼との婚約を破棄して、「あまり要領のよくない後輩」の男性と結婚。しかしその後、夫婦関係は悪化し、離婚にいたったのだった。

次の恋人は「なんでもできる彼」

それからつきあってたのは、まえのダンナと東京にいたとき、わたしが身を寄せてた先の人です。その人は、まえのダンナの高校の同級生だったんですけど、ひとりでマンションを買って住んでたので、ずっとそこに行ってたんです。

その人は要領がよくて、仕事でもプライベートでも、なんでもできる人。この人は何かの化身か？　と思うくらい、頼りになる。朝わたしが目を覚ましたら、掃除も洗濯も終わってて「起きた？　朝ご飯食べる？」って聞くの。買い物にいけば袋をぜんぶ持ってくれて「俺って召し使いみたいに見えるかなぁ、へへっ」とか言って、楽しんでる。

それで、わたしが東京からこっち（福岡）に来たとき、彼もこっちに来てくれてね。結婚の約束とか、なにもしてないのに。しかも彼はもともと東京の人。でも、こっちでA社（某有名企業）の九州支社の採用試験受けて、いまは部長さんですよ。

最初の2年間は長崎に赴任していたので、そのあいだはわたしが長崎に行ったり、彼が福岡に来たり、何回往復したことか。おたがいが心の支えみたいな感じでね。その頃がいちばん彼とは楽しかったかな。やっぱり、たまに会うからだったたんでしょうか。

その人と結婚（法律婚）しなかった理由ですか？　ほんと、なんででしょうねぇ……。

一度、彼が福岡に戻ってから「いつ結婚してくれるの？」って言われたんですけど、「え？　名前変えたくないから、結婚っていう形はとれないよ」みたいな話をしたんです。だって親に紹介するにも、理由が1個もないと思ったんです。いっしょに住むにしても、やっぱり紹介する理由がない。「だったらべつに、このままでいいじゃん」みたいな感じで、そのままずっと。

まあ半分は、同棲みたいな感じでしたよね。平日はおたがい仕事が終わったら、いっしょにご飯食べてお酒飲んで、彼がうちに泊まったりして、週末はわたしが彼のほうに行ってゆっくり過ごして。その繰り返し。

で、そのうちだんだん、その生活にも飽きてきたんですよ。ぜいたくだけどねぇ。

これはちょっとわかりにくい部分かもしれないのだが、祝さんとって「結婚」というのは「相手を自分の親に紹介すること」をまずいちばんに意味するようだ。入籍にせよ同居にせよ、親に紹介する理由がなければ、祝さんはそれをできない、あるいはしたくない。いまのダンナさんとは「子どもができて、親に紹介する理由ができた」から、いっしょに住んでいるのだという。

いまのダンナに気持ちが募るうちに、妊娠

そのころ、彼とたまたま、いまのダンナ（当時47歳）がやってるライブハウスに行ったんですよ。そしたらふたりともそこが気に入って、それからしょっちゅうその店に行くようになったんです。

通ってるうちに、だんだんそこのオーナーであるいまのダンナとも親しくなってね。わたしも惹かれてきて、そのうち誘われるようになってきた。

そしたら、東京から来た彼のほうが、気づきはじめましたよね。なにかでバレて、いまのダンナを殴りにいったの。それで「もう行かないで」とか言われたけど、わたしのほうはもう、どんどんいまのダンナに気持ちが募ってたから、無理ですよね。

で、あるとき妊娠したんですよ。最悪でしょ？　そのときはもう、東京から来た彼とそういうことはしてなかったけど、やっぱり「つきあってるのは俺」って感じだったから、

「悪魔」って言われましたね（苦笑）。だけどそのとき彼、「俺の子どもにしてくれ。親にもそう言うから」って言ったんですよ。でもさすがにそれはね、すべての人を欺《あざむ》くことになるでしょ。「それはできませーん」って断りました。

だからねぇ、その東京から来た彼をダンナさんにしたら素晴らしかっただろうけど、やっぱりなにか足りなかったんでしょうね、わたし的に。

その彼とはね、いまもたまに会うんですよ。飲み屋なんかで「おー！」とか言って。彼は会社の人たちといっしょにいるんですけど、ワーッてふたりでしゃべってね。「じゃあねー」っていう感じで、ふつうに帰るけど。ふつうでもないけど。

親に同居を報告して、子どもはわたしの苗字に

うちの親には最初から、「結婚します」とかじゃなくて、「子どもができました。ひいては、いっしょに住みます」という報告をしました。

そのときは、とにかく親は怒ってましたね。父は怒鳴り続けるし、母はもう「絶対許さん」とか言って。でもあとは、父のほうは、ふだんいっしょに仕事してるし、「身体だいじにしろよ」とか言ってくれてました。子どもが生まれてからは、母ともわだかまりはな

くなったですね。

籍を入れないことについては、母は「なんで?」とか言ってたけど、父は「ん、そうね」って、当然みたいな感じでした(笑)。

子どもの名前は、わたしのほうの苗字にしました。ダンナのほうには、まえの奥さんとのあいだに子どもがいるけど、わたしにはひとりしかいないからっていう、勝手な理由で(笑)。ダンナも「いいよ」って言ってくれたのでね。

彼の苗字にすることも考えたんですけど、そうすると彼の連れ子に見えるから、いちいち「わたしが産んだ!」とか言わないといけないでしょ? それもイヤだったから。


なお、子どもが生まれるときに祝さんは、ダンナさんの前妻のもとにいる子が「お父さんをとられた」と感じて傷つくのではないかと心配したそうだが、ダンナさんが弟の誕生を伝えたところ、その長男は「宝くじに当たったみたいにうれしいー!」と大喜びしたという。いまでもこの兄(ダンナさんの長男)と弟(同次男・祝さんの息子)は、とても仲がいいそうだ。

Q お父さんと仲がいいみたいですね？

お父さんは好きだけど、夫にできるタイプじゃない

やっぱり、かわいがってもらってましたよね。

最初に結婚して、名前が変わったときも、「おまえは『○○（新しい苗字）』やけんね」とか父が言うんですよ。なにかにつけて「仲間はずれ～」みたいな言い方をしてました。それでわたしも「やっぱり籍入れんほうがよかったー」とか思ったりして（笑）。

もともと、パパっ子なんですよ。わたしは3人きょうだいの末っ子なんですけど、姉と兄は年子で、わたしだけちょっと離れてるのね。母もずっと仕事してる人だから、上のふたりで子育ては終わってるんですよ。だから、わたしはお父さんにひっついたような感じで育った。学校の参観日とかも、父が来ると、ほかのお母さんたちが「ステキーーー！」とか言うから、わたしも「お父さんが来たほうがいい」とか言ってたし（笑）。

父もなんというか、やさしい言葉をかけてくれるような人ではないんですけど、でもやっぱりいちばん近い感じ。仕事の人だから厳しいし、べたべたはしませんけど、妙な絆はあると思います。

だからまあ、お父さんが好きなんでしょうね。かといって、お父さんみたいなダンナさんは、ちょっと無理ですね。えらくて、いばってるし。「お父さんの娘」っていうのが、いちばん居心地がいい（笑）。

ダンナになる人は、うまくサポートしてくれるタイプのほうがいいじゃないですか。それでいて、しかも好きじゃないといけないから、これが難しいんですよね（笑）。だからもう、どんな人でも無理ですね、あははははは。

Q 祝さんも、お子さんと仲がよさそうですね？

奥さんもダンナも、自分の親をだいじにすればいい

息子はもうほんと、ムチャクチャ溺愛してます。もちろん、だらしなかったりすると、ものすごく叱りますけどね。

いま10歳になったばっかりなんですけど、かわいいですよねぇ、腕とか細くてね。毎朝起こすとき、足の裏にチューチューしてますよ。「おはよ〜（甘い声）」、う〜んかわいい

ねぇ、この足は（ますます高く甘い声）」とか言いながら。いずれできなくなるんだから、いまのうちにしておかないと！（笑）

「マザコンになって、よくないんじゃないか」とか言いますけど、そんなことじゃない。イタリア人なんか、全員マザコンですよ？　あの人たち、それでうまくいってるでしょ？　結婚して奥さんができて、その子どもはマザコン。その子も結婚して奥さんができて、その子どもはマザコン。それで、うまーくいくんですよ（笑）。

「なんでも夫婦で」ってしなくていいんです。奥さんもダンナも、みんな自分の親をだいじにすればいいんですよ。自分の親がいなかったら、かわりに相手の親とかね。

よくほら、姑と嫁の対立で、息子が嫁をかばって、お母さんに文句を言うなんてありますけど、そんなの不幸ですよ。「子どもが親を守らんで、誰が守るの？」って感じですよね。あんたはその人から産んでもらって、育ててもらったんだから、お母さんのことだいじにして、嫁のことは二の次でいいの。それを嫁が、「自分をいちばんにしてくれない！」とかって言うから、ごちゃごちゃになるんですよ。

だから、うちのダンナにも言うんですよ。「お母さんと住んでいいよ。お母さん、ひとり暮らしやろ？」って。わたしもダンナのお母さんと仲良しやし、できるだけのことはするけど、自分の親がいるわけだから、自分の親をいちばんだいじにします。だからうちのダンナには、「あんたは自分の親をだいじにしなさい」って言う。ね、それで、いいじゃないですか？

「嫁だから相手の親を敬う」とかいうのも、違う。心のなかで別のことを思いながら、「嫁の務め」だけをするなんてね、そぉんなの、ろくなことになりませんよ。

夫婦の関係は、いつどうなるかわからん（笑）。けど、ここ親子の関係はもう、ゆるぎない。絶対セットなわけだから。そこんとこ考えながら、つきあわないとね。

ひと昔前の日本では、女性は結婚したら「嫁」として夫の親を敬うものとされていたが、最近では、夫は妻を、妻は夫をいちばんだいじにすべきとする、欧米風の考えがポピュラーだ。だが祝さんはこのどちらでもなく、妻も夫も「自分の親をもっともだいじにするべき」というのだ。

斬新で、聞いたときは爆笑してしまったのだが、じつは一理あるかもしれない。たしかに世の中みんながマザコンなら、それはそれで公平だ。ただし、夫婦の一方がマザコンで、他方はパートナー（妻または夫）をだいじにする場合は、争いが増すかもしれない……。

おふたりの役割分担は、どんな感じですか？

ダンナには、とにかくできることをしてもらいます

家計は、もうほとんどわたしがもってますね。学資保険と光熱費は彼が払ってくれてるけど、家のローンはわたしが払ってるし、子どもの洋服代とかも、わたしのほうが多いです。彼に「出せー！」とは言ってるんですけどね、なかなか（笑）。

だから、できることをしてもらうしかないですよね。ないものを「出せ」と言っても出ないし、できないことを「しろ」って言ってもできないんだから。

そういうことでいがみあったり、相手を非難したりする、その時間とかエネルギーが、もったいないんですよ。ふたりだけなら、そういうことで仲たがいして、別れて終わりなんだけど、いまは子どもがいるでしょ。子どもにはいっつも笑顔でいたいから、家の中をいやな空気にしたくない。

だからとにかく、彼にはできることをしてもらいます。送り迎えの運転手とかね。あとは「ご飯だけ炊いといてー」とか頼んだり、自分の部屋の掃除してもらったり。

一時期はわたしもワーワー言ってたんですけどね。でもたとえば「洗濯物干して」っていうと、びっしりつめて干すんですよ。それで「あいだを空けないと、乾かんやろ！」って言うと「また文句言って」って顔するから、もう言うのもイヤ。だから最近は、「なにもできない人だから」って思うようにしてます。

でもね、それをはっきり言ってますよ。「役に立たんね！」って（笑）。そうするとうちのダンナは、「ごーめーんーなーさい！（おどけた調子）」とかいうの（笑）。おっかしいでしょ？　そんなだからでしょうねぇ、いっしょにいるのは。

最近はうちのダンナに、「子どもに算数を教える」っていう役割を与えたんですよ。わたしと子どもがべったりだから、そういうふうに与えてあげないと、入る余地がないでしょ。それをするようになって、わたしがダンナに対してちょっと優しくするもんだから、自分もなんかやってる、とか思ってるんじゃないですかね。

最近は家事育児が得意な男性もだいぶ増えてはいるようだが、世代などによっては、まだまだそれが不得意な男性も多い。そういった場合も、できるようになるまであきらめずにつきあうことが必須と思うが、祝さんのように「相手にできることをしてもらう」とわりきることも、現実的な対応としては大切かもしれない。

Q 名前を変えないってことは、そんなに重要ですか？

よほどいいことでもないと、名前は変えたくない

そうですね。自分の「祝明子」っていう名前でいるのが、いちばん自然だから。精神的に落ち着いていられますね。

名前が変わると、なにか、よけい期待するんですよね。そのぶん、ものすごくいいことがないと腹が立つ、っていうか。

ほら、ケネディ大統領夫人のジャクリーンっていたでしょう？ ケネディが暗殺されたとき車で横に座っていて、夫が頭を撃たれて……。それが、よくそのあと、結婚しましたよねぇ。海運王のオナシスさんっていう、億万長者どころじゃない大富豪と。彼女がオナシスと結婚した理由って、お金だったと思う。

だからまあ、お金とは限らないんだけどね、よっぽど好きになって、なんかすごく誇れるようなものでもないと「名前変えたくない」って思いますね（笑）。純粋じゃないのかしら、わたし？

結婚（法律婚）するとなにかを期待してしまう、という気持ちは、わたしにも経験がある。自分だけ名前が変わると、一方的に損をしている気がしてしまうのだ。祝さんの場合はとくに、自身の名前への思い入れが大きいぶん、期待が強くなるのだろう。

相手が「山田さん」なら、縁がないんだなぁと思う

あとね、これは書かないでほしいんですけど。わたし「山田さん」とかいう名前の人のところには、お嫁にいきたくなかったんです。だってわたし、下の名前が「明子」でしょ。「明るい」に「子」ですよ。すごくたくさんいるじゃないですか。だから「山田明子」とか「佐藤明子」とか、そういう名前にはなりたくないなぁっていうのは、いつのころからか思ってたんですよ。

だから「ああ、この人すてきだなぁ」と思っても、「山田です」って名前を言われたら、「ああ、この人とは縁がないんだぁ」って思っちゃう（笑）。

結婚してもいいと思った名前ですか？　ありましたよ、「若大路」とかね。それは大学

のときの彼氏。「若大路明子」だったら「ああ、名前変わってもいいかな」と思いました。べつに、その名前だから、つきあってたんじゃないですよ。たまたま（笑）。でも、その人がもし山田さんだったら、テンションがもう、つきあうまでにいたらなかったかもしれない。だって、悲しいじゃないですか、結婚できないのに深みにはまったら。「いいなぁ」って思ってても、名前が山田だったら「これ以上好きになるの、やめよう」っていう感じです（笑）。

もちろんいちばんいいのは、この「祝明子」っていう名前なんですけどねぇ。

苗字のために、恋心さえ抑制する人がいようとは！　またもや大笑いしてしまった。祝さんが「よくある苗字」になりたくないと感じるのは、下の名前が「明子」とシンプルであることに加え、もともとの苗字がかなり珍しいせいもあるのだろうか。理由はともかくとして、ここまで苗字にこだわりがある祝さんにとって、選択的夫婦別姓制度の導入は、やはり切実な望みであるという。

なお、祝さんからは「山田さんや佐藤さんに失礼だから、この話は書かないで」といわれたのだが、おそらく当の山田さんや佐藤さんは気にしないと思い、書かせてもらった。

＊「祝」は仮名ですが、実際のお名前もこれと同じくらい珍しい苗字です。

Q 事実婚にしていることで、デメリットはありますか?

以前はまわりに説明していたけれど

子どもがからむところだけは、まわりに説明がいりますよね。ほら、わたしの連れ子と思われたら、あとでいちいち「ダンナとの子です」とか説明するのも面倒ですしね。

だから保育園に入るときも、園長先生には「わたしが名前を変えたくないので事実婚にしていて、子どもはわたしのほうの名字でやってます」って話しました。そのあと、役所に提出する入園申し込みの書類でも、そういう理由を一筆書かされましたよね。いまも小学校では、クラス替えのたびに保護者会でそれを言うんですよ。

でも、わたしもまえよりは、そんなに言わなくなりましたね。子どももしっかり育ってきてるから、ナーバスじゃなくなってきた。子どもがちっちゃいときって、母親として世間と接するのに不慣れだから、なにかと弱気じゃないですか。だから、ことあるごとに主張してました。いま思うと、必要なかったかもしれないけれどね。

いまはもう、わざわざ（事実婚であることを）人に言うのは、ホテルに泊まるときとか、飛行機のマイレージで家族サービスを使うときくらいですね。「苗字がバラバラで大丈夫ですか？」って聞いてみると「だいじょうぶですよー」とか言われる。携帯電話の「家族割」も問題ないですし。

保険や年金なんかは、住民票をいっしょにしてあるので、* 入籍してる場合と変わらないです。税金については、なにも優遇されないですけど。

この先も籍を入れることはないですね。入れる意味がない。背負うものができても、入れるメリットはなにもないですから。

＊ 住民票で、夫婦の一方（世帯主ではないほう）の続柄を「未届けの夫」または「未届けの妻」として提出すると、健康保険や年金などについて、婚姻関係の夫婦に準ずる扱いを受けることが可能です。

Q 自分たちの関係は、なんだと思いますか？

「結婚」とは思ってないけど、「家族」とは思ってる

結婚……とは思ってないですかね。だって税金の控除もないし、そもそもうちは家計もいっしょにしてないし。外から見ると「結婚してる」って思われるんでしょうね、それに対して反論もしないんですけど。

でも「家族」とは思ってます。人に話すときも、こういううちの事情をちゃんと話したことがある方には「パートナーが」とか言うけど、ふつうは「ダンナ」って言いますしね。

わたしは子どものころからジョン・レノンとオノヨーコが大好きなんですけど、「ああいう異常なくらいの結びつきの出会いが、誰にでもある」って、思い込んでたんですよ。だけどみんな「その人」に出会うまえに、結婚適齢期っていわれる時期にたまたまつきあってた人と、結婚してる。

だからひょっとしたら、うまい具合に適齢期に「その人」と出会った人もいるかもしれないけど、そうじゃない人は探し続けていかなきゃいけない、みたいに考えているところが、わたしはどうもあるんですよね。でもまあ、いまはそんな人がいるのかどうかわかりませんけどね。現に、この年で出会ってないし。会わずに死ぬかも（笑）。

いまのダンナですか？　いやぁ……。でもまあ、だから子どもを授かったのかもしれないな、とは思いますよ。だっていままでねぇ、なかなかチャンスがなかったから。できたときに、「うわぁ、産もう♪」と思ったから。

でもねぇ、奇跡なら、とっくの昔に出会ってたかったですよ。おたがいもっと若いときにね。そしたら「奇跡だ」って思ったかもしれない。ああでも、ヨーコだってジョンとは3度目の結婚でしたっけ……（笑）。

いまのダンナさんが祝さんの「その人」であるかどうかはおいておくとして、誰もが若いときに初婚で、ベストパートナーに出会えるとは限らないのは、ほんとうだろう。わたしの知りあいにも、3度目や4度目の結婚で、似合いのパートナーを見つけた人はいる。いつまでも探し続けるのも大変だが、あまり早くにあきらめるのももったいない。見極めが難しいところだ。

Q これから夫婦をやる人にアドバイスするとしたら？

「自分の生き方」を軸に相手を見つけるのがいい

なんでしょうかねぇ。わたし、人にアドバイスとかできる立場じゃない気がする（笑）。

でもまあ、言えるとしたら、自分の人生の目的を「結婚したい」とか「お嫁さんになりたい」とかにしたら、ダメだと思う。結婚に夢を見るのはダメよね。

「自分がどういう生き方をしたいか」ってことを軸にしないと。仕事じゃなくてもいいんですよ、たとえば「わたしはこういう趣味があるから、それを一生楽しみたい」とか、なにか自分の好きなことがきっちりあってね、それを軸にして、結婚相手を見つけるのがいいと思う。

ただパーッと恋愛してワーッと結婚して、相手にあわせてだんだん疲れるとか、そういうのも違うし、仕事に疲れて結婚、とかいうのも違うしね。

結婚したら初めてわかるのね、「生活の連続なだけ」ってことが。朝ご飯つくって、昼ご飯つくって、夜ご飯つくってお風呂入って寝たかと思ったら、また起きて、朝ご飯つくって……。ただその連続でしょ、憧れるようなもんじゃない（笑）。

やっぱり「自分がほんとうに居心地のいいなにか」を守った結婚であること。それなら、そんなに無理しないで、楽しんで続けていけるのかなーって思います。

まあでも、最初はみんな「運命だ」とか思って結婚して、そんで離婚するんだから、わかんないですけどねぇ。わたしもそうだったたし、なかなか難しいですよ。自分を振り返っても、やってることがバラバラで、目的が見据えられてなかったなって思うので。
でも、とにかく、結婚してみたらいいんじゃないですか？（笑）

ダンナが初婚だったらよかったんだけどね手垢がついたような人やなんですよ

えっ祝さんも再婚では…

そう！自分は手垢がついてるって思ってないのねホントあつかましいあははは

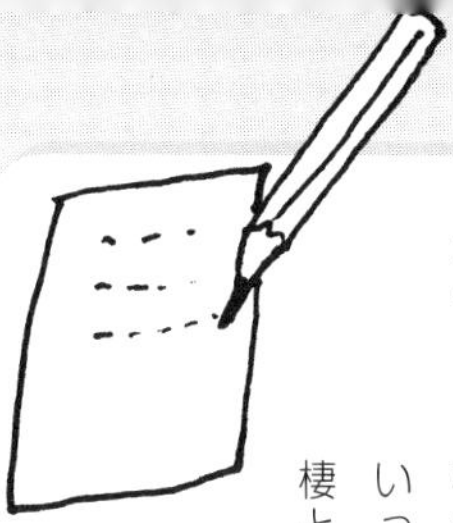

法律婚の落とし穴

＊子連れ事実再婚経験者のKさん（39）。

「結婚（法律婚）とか同棲って、『一生この人といられる』とか『永遠に夫婦でいられる』って錯覚するところがありますよね。でももしかしたら、（同棲を解消した）いまのほうが、気持ちはつながってるかもしれない。逆に、入籍や同棲をしたことによって別れざるをえなくなったり、マイナスに働いちゃうこともある。その状態にあぐらをかいちゃうから、命を縮めるんですかね。

　ほんとうの夫婦の関係って、相手の気持ちを思いやるとか、いっしょに生きていきたいっていう努力の部分ですよね。結婚とか同棲とか、名前がつくものじゃない。日々いい関係を続けているからこそ、明日もいい関係なわけで、保証はないんですよね」

＊つがい❾浮気容認婚のうえみさん（35）。

「夫婦なんてほんとうは、うっす〜いオブラートみたいな、ちょっとなめたら破れちゃうようなものに包まれてるんです。籍が入ってるからって、そんなことは関係ない。本来はただの人間関係であって、意志をもって努力した結果、やっと成り立ってるもの。なにも努力せずに、そこに立ち位置があるなんて思っちゃいけない。

　結婚したら『妻』になれるわけじゃないし、『夫』も同じ。その人が努力した結果としてそのポジションがある、ってわたしは考えますね。だから成績表だったら欲しい。『このふたりは夫婦となるべくして努力をした。よって夫婦として認めます』みたいなね」

事実婚、ホントのところ

＊事実婚10年目のNさん（37）。彼女には法律婚をしたい気持ちと、事実婚のままでいたい気持ちと、両方があるという。
「こうやって結婚（法律婚）してないと、いつまでも『ひとり（フリー）だ』って言えるっちゃ言える。だから、もしほかに好きな人ができたとき……。

でも逆に、『もしふつうに結婚していれば、好きな人ができたときあきらめられるのに』っていうのも、思うんですよ。ほかの人に気持ちが揺れたりするのが、われながらちょっと恥ずかしいので、そういうとき『あぁ、もしわたしがふつうに結婚してれば、こんな馬鹿なこと考えなくてもいいのに！』って思ったりもするわけです。だから、ふたつの気持ちが同居してるんですよね」

どちらかというと、一般には「浮気できないこと（貞操の義務）」を「入籍のデメリット」ととらえる人が多いが、Nさんは逆にそれを「入籍していれば、ほかの恋愛をあきらめられる」という「メリット」としてとらえているところが、ユニークだ。

ちなみに、事実婚でも法律上「貞操の義務」はあるが、事実婚であるかどうかは本人の定義次第なので、法的責任を問われにくいところはあるだろう。

もうひとつ、Nさんが法律婚と事実婚のあいだで揺れるのには、理由があるようだ。

「世間一般に『結婚（法律婚）していれば、人並みに幸せ』というような見方がありますよね。だから（事実婚の）いまはどうも『ちょっと事情があるみたいねぇ』って見られてるところがある。そうすると『これって、やっぱり幸せじゃないのかなぁ？』って、わたしも思わなくはないんですよ。

たとえば、うちのダンナのお姉さんはよく『なんで○くん（ダンナさんの名前）は、結婚しないわけ？』って言い出すんですね。彼女の頭のなかには、わたしが結婚したがっているのにダンナが突っぱねているっていう図式ができちゃっている。でも『わたしも好きでこうしているので』って思うんです。

　ほんとうは結婚したいんでしょ、って言われるのが、ほんとうにめんどくさい。説明が面倒で、『ああ、もういっそのこと結婚しちゃったほうがラクかな』って思うことは、よくあるんですよね」

　自分の幸せは自分でしか決められない。それは事実だが、他人の評価をまったく気にせず生きるというのも、現実にはなかなか難しいことだ。Nさんの場合は、それでもあえて事実婚を選んでいるわけだが、判断は人によって異なるところだろう。「世間の目」を重視して法律婚を選ぶ人も、実際は多い。

　インタビューの最後に、Nさんが残した問い。

「逆にね、世の中の『ふつうの人』って、どういうことで結婚（法律婚）するんですか？　それがわたし、わからないんです」

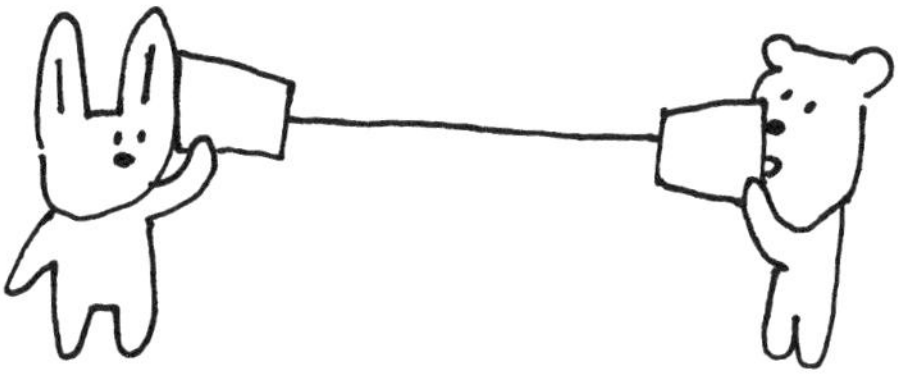

つがい❹竹本さとみさん

子連れ初婚
「結婚してないで産むってことに、なんで反対するの？」

「子連れ結婚」というと、離婚や死別をしたひとり親が新しいパートナーとつがう「子連れ再婚」を思い浮かべやすいが、最近は「子連れ初婚」をする人も増えている。結婚せずに独身のまま子どもをもった女性が、新しいパートナーとつがうケースだ。

現在、息子（14）と彼と3人で同居生活を送る竹本さとみさん（仮名・40）も、子連れ初婚をしているひとりだ。彼女は十数年前に非婚で子どもをもち、3年半ほどまえから、現在のパートナーとつきあいはじめた。彼も婚姻歴はなく、彼女と同い年だそうだ。

「いつからいっしょに住んでるかは、よくわからないんですよ。つきあいはじめてから、ちょっとずつ彼がうちにいる時間が長くなってきたんです（笑）」

竹本さんとは、ツイッターをとおして知りあった。言葉を交わすようになって、たまたま彼女が子連れ初婚をしていることを知り、取材をお願いしたのだ。この本の取材では、そんなふうに、ツイッターで自然と友だちになった人に話を聞かせてもらったことが何度かあった。ありがたいことだ。

実際に竹本さんと会ったとき、じつはかなり驚いた。ツイートやメールの文面から、とても背の高い、ちょっとこわそうな女性を勝手にイメージしていたのだが、実物は小柄で愛想のよい、かわいらしい雰囲気の人だったのだ。

妊娠すれば「おめでとう」なのに、結婚しないと……

竹本さんはなぜ、結婚せずに子どもをもったのか？　まずそのことを、たずねてみた。

「わたしは単純に、妊娠したから子どもを産んだだけのこと。そのときに結婚してなかったと、ただそれだけなんです。

結婚してないで産むっていうことに対して、なんでみんな反対するんだろう？　っていうのはすごく思いましたし、いまもずっと思ってます。妊娠すると『おめでとう』って言われて、そこに結婚がつけば『よかったね』という言い方をされる。なのに『結婚しない』って言ったとたんに、みんな手のひらを返したような態度をとる。それはなんでなんだろう？　って、すごく思いました」

　疑問を疑問で返されたような答えに、一瞬、戸惑ってしまった。

だが、考えてみれば竹本さんの言うことも、もっともだ。わたしたちは「子どもができたら結婚するもの」と思い込んでいるけれど、逆に「どうして子どもができたら結婚しなきゃいけないの？」と問われると、なにも答えが浮かばない。「そうしなければいけないと思っていただけ」ではないかと、気づかされる。

　また竹本さんは、こんな疑問も感じているという。

「生き物が妊娠して出産して、子どもを育てるっていうのは、結婚制度ができるまえから自然に行われていることですよね。結婚制度っていうのは後づけのものであって、それが生き物としての自然な成り行きにストップをかけるっていうのが、わたしとしては、ちょっと違うんじゃないの？　って思うわけです」

ひとり親を、あえて人にすすめはしない

　このように、子どもを産むのにかならずしも結婚する必要はないと考えている竹本さんだが、「その選択を、あえてほかの人にすすめるつもりはない」とも言う。

「だって、子育てって夫婦でも大変じゃないですか。いつどっちが病気になったり怪我をしたりするか、わからないのに。それが、親ひとりでしょ？　そんなのほんとうに、フタを開けてみなきゃ、うまくいくかわからないですよ。わたしはたまたま、なんとか、うまくいったんだと思いますけど、うまくいった人を見て『大丈夫』って考えるのは、すごく不確実だなとは思います」

これも、まったくそのとおりだ。夫婦ふたりだって手が足りない「育児」というものを、ひとりで行うのは実際大変なことだし、リスクも大きい。わたし自身もシングルマザーなので、それはよくわかる。

あるていどの経済力があるとか、実家や知人からサポートを得られるなど、育児しやすい条件がそろった人ならいいかもしれないが、誰にでもすすめられる選択肢ではない。本人が覚悟のうえ選ぶのならそれもアリだが、冷静によく考えて判断する必要はあるだろう。なお、非婚で子どもをもつと、子どもが法律上「非嫡出子」*という扱いになることを気にする人もいるが、実生活上、それで子ども自身が困ることはまずないようだ。

これはわたしの友人の話だが、彼の親は事実婚だったため、彼自身は「非嫡出子」だった。だが、大人になって自分が結婚する際に戸籍をとりよせるまで、本人はそのことを知らなかったという。就職差別も結婚差別も、受けたことはないそうだ。

法律に差別規定が残っていることは問題だが、実際は意外と、わたしたちが気にしなければそれまで、という部分も大きいのかもしれない。

＊ いまの日本の法律では、非嫡出子（婚姻していない男女のあいだに生まれた子）の相続権は、嫡出子（婚姻している男女のあいだに生まれた子）の半分と定められている。ただし、ほかに子ども（嫡出子）がいなければ関係ないし、嫡出子がいても、遺言書をつくれば同等に遺産を相続させることは可能だ。なお、法律婚せずに子どもをもった母親に対しては、離婚や死別のひとり親に適用される「寡婦・寡夫控除」が適用されない。

名前なんて、ただの記号と思えばいい

今後、竹本さんは彼と婚姻届を出すことも考えているという。彼は自分を筆頭者とした戸籍をつくることを望んでおり、「いずれ、その気持ちにこたえたい」のだそうだ。

「以前はわたしも『結婚するとなると、どうして女だけが苗字を変えなきゃいけないの?』って思ってたんですけどね。でも彼は、わたしのそういった疑問にずっとつきあってくれた人なんです。だからいまは『もう（籍を入れても）いいかな』って思うんです。

それに、名前なんてただの記号にしかすぎないのかな、って思うようになってきたのも

ありますっ。入籍なんていうのも形だけのものなんだから、しといたほうが面倒がないですしね」

なるほど、それも考え方次第だろう。わたしも女ばかりが苗字を変えることには反発があるが、相手が竹本さんのパートナーのように苗字を変える側の気持ちをよく理解してくれていたら、「まぁいいか」と思えるかもしれない。

またもうひとつ、竹本さんが苗字を変えてもいいと思うのには理由があるようだ。

「彼も息子のことを『うちの子』って自然に言ってくれるので、その恩に報いるっていうのではないんだけど（笑）、だったらわたしの変なこだわりなんかもういらないよね、っていうのも思うんです」

これを聞いて、妙に納得してしまった。竹本さんは、彼が自分の息子を受け入れてくれていることへの感謝から、自分の苗字を変えてお返しをしたい、と思っているところもあるのだろう。

入籍は子どもの手が離れてから

ただし竹本さんは、実際に婚姻届を出すのは、当分先になるだろうと考えている。

「わたしが結婚（法律婚）しちゃうと息子が戸籍上ひとりぼっちになって、苗字もひとりだけ別になっちゃうんです。それもどうかなぁって思うので。かといって、養子縁組をすると、子どもの苗字が変わっちゃいますしね」

彼女の言うとおり、子連れ結婚をする場合に、パートナーを筆頭者とした戸籍をつくると、子どもの苗字は実親のそれと異なってしまう。親子で同じ苗字を名乗りたい場合は、パートナーと子どもの養子縁組をするか、「子の氏の変更許可」の申立て手続きを行えばよいが、その場合、子どもはいまの苗字を捨てることになるので、竹本さんにとっては意味がない。

「名前が変わるって、子どものアイデンティティにもかかわることじゃないですか。以前わたしが『生まれたときからの名前を、どうして女だけが変えなきゃいけないの？』って思ってたのと同じように、子どもが『ずっとこの名前だ』って思ってたものを、親の都合だけでコロコロ変えるってのも、ちょっとどうかなって思うので。子どもが自分から積極的に名前を変えるぶんには、ぜんぜんかまわないんですけどね」

だから「入籍は、子どもが手を離れてから考えます」というのが、彼女のいまの結論だ。なお、もし可能であれば、子どもがいる側を筆頭者とした戸籍をつくって、パートナーに苗字を変えてもらえれば、子どもの苗字を変えずにすむのだが、やはりそういった形での入籍（妻氏婚《つまうじこん》）を受け入れる男性は、まだ少ないようだ。

あるいは、子どもがひとりの戸籍になり、親と苗字が違っていても、ただ「気にしない」という手もあるだろう。母親が通称で子どもと同じ元の姓を名乗っていれば、実生活上は問題ないという話も聞く。

だがやはりそれも気が進まない、という場合は、彼女のように、事実婚を選択すればいいのではないだろうか。なにも無理をして婚姻届を出す必要やメリットは、ないのではないか。

女がひとりで子を産む選択

3時間近く話を聞かせてもらったが、そのなかで、彼女には「これは話さない」と決めていることがあるようだった。子どもの父親のことだ。

その男性が、既婚者だったのか、独身だったのか――。わたしからあえて聞くことはしなかった。もしそれを聞いて、わたしが書くことに違いが出るのだとしたら、そこにどんな意味があるのだろうと考えたのだ。

竹本さんも、それを考えて、あえて口にしなかったのかもしれない。

子どもの父親がどんな人だろうと、女性が「ひとりでも子どもを産み育てたい」と考えたときに、それがかなえられる社会であるといいと、わたしも思う。

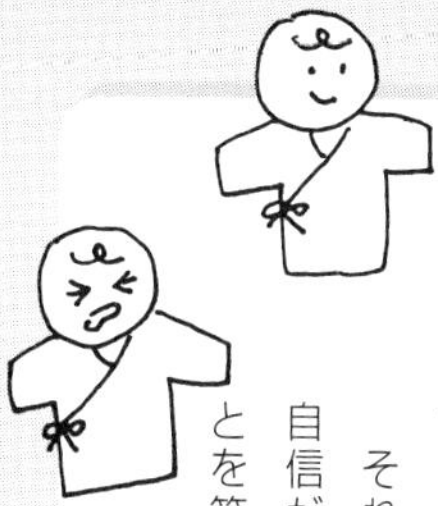

子どもをもたない理由

＊事実婚10年目のNさん（37）は、「子どもがほしくない」という。その理由を教えてもらった。

「たまーに、衝動的に『子どもほしい』って思うことはありますけどね。友だちの子どもとか見ると、ほんとうにかわいいと思うし。

　でもやっぱり、わたしは仕事をだいじにする気持ちのほうが大きかったんですよね。もし子どもをもつとなったら、仕事はセーブせざるをえないじゃないですか。妊娠してから少なくとも4年くらいは、ほとんどなにもできない。いまのわたしのキャリアでそれは、ちょっと無理だなと思っちゃうんですよ。

　それにそもそも、子どもを育てられるって自信がないんです。自分が自分以外の人のことを第一に考えられるようになれるかっていうことに、自信がない。

　あと、子どもを産むって、ある意味、ものすごく死に近づく気がするんです。自分の身体が自分のものだけじゃなくなるっていう感覚が、わたしはこわい。

　将来的に養子をもらうかもしれないってことは、たまに思うんですね。まあ現実的には、それも難しいこととは思うんですけど」

　わたし自身は、子どものころから「いつか子どもがほしい」と思って生きてきたため「子どもがほしくない」という人の気持ちがよくわからなかったのだが、彼女の話を聞いて、納得させられた。

　子どもがほしいと思う人の気持ちも、ほしくないと思う人の気持ちも、どちらも等価だ。

つがい❺小野緑さん

女×女婚

「たがいの人生の協力者でありたい」

小野緑さん（仮名・36）。同性パートナーと暮らしている。彼女も相方さんも、以前は男性と結婚していた。ふたりとも小学生の子どもがいる。それぞれ離婚して母子家庭となり、その後、いっしょに生活するようになった。子どもを育てるLGBT（107ページ参照）家族に関する情報サイト「にじいろかぞく」の運営者。http://queerfamily.jimdo.com/

Q この形にいたるまでの流れを教えてもらえますか？

最初の結婚は、したときはとっても楽しかった

わたしが最初に結婚したのは、20代の半ばでした。相手は同い年の男の子。とってもお友だちっぽい関係だったの。

なんで結婚したのかっていうと、もともとわたしは家庭とか結婚に憧れがあったし、そのころちょうど恋愛とかにも疲れてきていたのね。向こうは向こうで、結婚して家庭をもつことで「一人前と認められたい」という思いがあったんじゃないかな。そんなわけで、なにも考えてないまま、わりとノリで結婚してしまった（笑）。

結婚したときはね、とっても楽しかった。おたがい共働きで、帰ってもうちに友だちがいる、みたいな感じ。それぞれつきあいも多かったから、「今日は友だちと飲みにいくから、じゃね、バイバイ」みたいな（笑）。

大人ふたりの暮らしだと、べつにそれで困らない。家事もひとり暮らしの延長線上でこなせる分量だったしね。洗濯だって、ひとりぶん増えたってそんなに変わらないし、ご飯も自分のぶんつくるんだったら、ちょっと多くつくるのなんてたいしたことなかったし。

家事は、わたしがあるていどやってました。向こうは、ゴミ出しとかやってくれてたかな。家計は、向こうのほうが多く払ってたと思う。7対3とか、そのぐらいだったのかな。

レズビアンとして暮らす人に会うのは、小野さんが初めてだった。人なつっこい笑顔でショートヘア。どこか子犬のような印象がある。小野さんとはツイッターを通じて友だちになった。話してみると、文章のイメージどおり、気さくで誠実な人だった。

いまの相方さんとつきあうようになるまで、小野さんは自分をレズビアン（女性の同性愛者）、あるいはバイセクシュアル（両性愛者）だと思うことはなかったという。そのように認識がないいまま、ヘテロセクシュアル（異性愛者）として生活している潜在的レズビアン女性は、実際にはかなり多いだろうといわれている。

夫婦で苦労をシェアした経験がないまま親になる

最初はそんなお気楽生活だったんだけど、すぐに子どもができたのね。当時は、「まだまだ仕事やるぞ！　遊ぶぞ！」という時期だったから、親になる覚悟とかも、まったくなかったんだけど。

でも「できちゃった」ってまわりに言うと、「おめでとう！」って言われるから、「そうか、おめでとうなのか」と思った。みんな「結婚してるんだし、産まないっていう選択はとくにないよね」みたいな雰囲気だったので、わたしもあまり考えずに、産むことにしたのね。

そのときのわたしは、子どもを産むってことで、自分にどんなことが降りかかるか、まったくわかってなかったの。それで産んだら「ぎゃー！」みたいな（笑）。すっごい大変だし、いろんなものが変わっちゃった。妊娠中もトラブル続きだったんだけど、産んだときにもいろいろあってね。子どもが集中治療室から出てこられなかったの。

それまで元夫とわたしは、楽しいことしか共有してこなかった。苦労とか辛いことを、まったくシェアしたことがなかった。だから子どものことが、ふたりがシェアする最初のことになってしまったのね。しかもそれは「とりあえず死ななかったね、でも障害が残るかもね」みたいな状態の子ども。

なので、まったくシェアできなかったの。わたしはわたしのやり方を貫いてたし、向こうは向こうのやり方を貫いていた。いまだったら、どっちが間違ってるとか正しいとかではなく、「それぞれ、ただ違うだけだ」ってわかるんだけれど、当時わたしは、わたしが考える正しいことだけを主張していて、相手のことを否定していたんだと思う。相手も、否定されるから聞かなくなるしね。

そういうなかで育児がスタートしたけど、最初からわたしの体調も悪かったし、あっという間にうまくいかなくなったのね。もともと土台がなかった上に重たいものをガンと乗っけたので、べちゃっとつぶれちゃった、という感じ。

これには、反省材料がいっぱいある。いまは産んでよかったと思ってるから結果オーライなんだけれど、でもやっぱり、子どもを産むってことについて、もうちょっとちゃんと考えておくべきだった。そして夫婦というものは、おたがいをもっと知りあって、ひとつの出来事をシェアする必要があるってことも、知っておくべきだったよね。

小野さんはこのとき夫婦関係が悪化した原因を「努力が足りなかったため」と考え、反省しているが、子どもの誕生を境に関係が悪くなる夫婦は、けっして少なくないようだ。ベネッセ次世代育成研究所が行った調査（第1回妊娠出産子育て基本調査・フォローアップ調査）によると「配偶者に愛を実感する」と答える妻の割合は、妊娠期が74％だったのに対し、0歳児期45％、2歳児期34％と、産後は大きく低下する（夫のほうは妊娠期が同74％、2歳児期52％）。わたし自身も前回の結婚では、出産後急激に夫婦関係が悪くなったクチである。

孤立育児の日々にパソコンがやってきて

そんなふうだったから、子どもが生まれてからすぐ、家庭が崩壊してしまったのね。それでわたしは「孤立育児」というところにとり残されてしまった。わたしと子どもと、ほんとうにふたりだけの日々になってしまったの。だんだん育児ノイローゼがひどくなってきて、1年半くらいたったころ、ほんとうに限界が来たんだよね。

で、ちょうどその時期、わが家にパソコンがやってきたの。当時、わたしは外に出かけることもできなかったんだけど、インターネットがあるとね、子どもがちょっと寝た時間とかに、パソコンを通じて人としゃべれるのね。それで、孤立してた状態から、ちょっと脱するようになってきた。

そんななかで、あるバイセクシュアルのサイトにたどり着いたの。わたし、高校が女子高で、そのころクラスの人気者だったボーイッシュな女の子のことを「好きかも」と思ったことがあったのね。それを思い出したの。それで「そうよねぇ、バイセクシュアルっていう、そういう可能性もあったのかもしれないな」などと思ったわけ。

そのサイトに行くようになって、友だちができたの。育児から完全に離れて、昨日見たテレビの話とか、今日食べたお昼ご飯の話とか、そういうくだらない話ができることが、ほんとうにうれしくって。セクシュアリティ（性に関する事柄）の話とかは、まったくしてなかったたんだけどね。

いまの相方が風穴を開けてくれた

そのうち、サイトで友だちになった人たちと直接会うようになってきたんだけど、わたしが初めて子どもを置いて出かけたのが、その仲間がやった飲み会だったの。当時わたしは、「母親が子どもを置いて飲みになんて行っちゃいけない」と思い込んでたから、なかなかそういうのに参加できなかったんだけど、あるとき、ついに行った（笑）。

そこでたまたま、いまの相方（当時25歳）に出会ったんだね。それでおたがいに気が合って、すぐ仲良くなったの。

そのころ、わたしのまわりは子ども好きじゃない友人ばかりだったんだけど、相方は子ども好きだったので、その点も、ほんとうにありがたかった。それからは、しょっちゅう遊びにきて、うちの子とすごくよく遊んでくれたの。わたしはひどい育児ノイローゼで、子どもとふたりっきりで家に閉じこもってる状態だったんだけど、そこに風穴を開けてくれた。子どものこともかわいがってくれたし、子どももすごくなついたし。いつもいっ

LGBTとは

人間の性のあり方には
「1―カラダの性（生物学的性）」
「2―ココロの性（性自認）」
「3―スキになる性（性的指向）」
という3つの要素がある。

　性別の判断は、その人が自認している性別（ココロの性）を基準に考え、好きになるのが異性である場合は、ヘテロセクシュアル（異性愛者）と呼ばれる。

　人間には多様な性のあり方があり、「LGBT」は、レズビアン（L）、ゲイ（G）、バイセクシュアル（B）、トランスジェンダー（T・性別に違和感をもつ人）の略。

　ほかにももっと多様にあるが、それらを含んで総称的に「LGBT」ということが多い。「性的マイノリティ」ともいわれる。

からだの性	ココロの性	スキになる性	
男	男	女	異性愛の男性
女	女	男	異性愛の女性
男	男	男	同性愛の男性（ゲイ）
女	女	女	同性愛の女性（レズビアン）
男	女	男	性同一性障害のある異性愛の女性
男	女	女	性同一性障害のある同性愛の女性
女	男	女	性同一性障害のある異性愛の男性
女	男	男	性同一性障害のある同性愛の男性

●石川大我『「好き」の？〈ハテナ〉がわかる本』（小社刊）より

しょにいてくれて、いろんなところに遊びに連れてってくれて。

子どもは非常に病気が多かったんだけど、具合が悪くてわたしが不安なとき夫に話しても、もはや生返事しか返ってこないのね。そういうときも、相方は心配して家までお見舞いにきてくれて、「これはもう、タクシーで病院に行こう」とか言って、おろおろしてるわたしを引っぱって、病院に連れてってくれる。そういうのが、すごくありがたかった。

当時小野さんは親との関係が悪かったこともあり、「ほんとうにひとりぼっちで育児をしていた」という。そんなとき救い主のように現れ、慣れない育児をサポートしてくれた相方さんは、小野さんにとってどれほど有り難い存在だったことだろう。想像するだけで、じんときてしまう。

自分が離婚するなんて考えたこともなく

それからしばらくは、相方に子どもができたり、わたしに2人目が生まれたりして、バタバタしてました。

そのあと、相方はわりとすぐに離婚をしたんです。子どもが生まれたころには、もう別れるって決めてたみたい。もともとダンナさんには、自分がレズビアンであることを伝えたうえで結婚しているのね。それで、結婚しているあいだも、いつでも離婚できるように準備万端だったらしいの（笑）。

一方、わたしのほうも、夫との関係はさらに悪くなってた。夫はほとんど家に帰ってこなくなって、たびたび「離婚してほしい」って言ってたし、ほんとうに、お先真っ暗という感じ。

そんなボロボロだったころに、相方から「なんで（自分と）いっしょに暮らすことを考えないの？」って言われたのね。そのころにはもう、おたがい好意をもってるのはわかってたんだけど、それでもわたしは「へっ⁉」って感じだった。

なんでかというと、まず離婚という事態が受け入れられなかったのね。「自分が離婚する」なんてこと、わたしはそれまでの人生で、考えたことがなかったから。

あと、「継母《ステップマザー》になる」っていうのもあった。相方といっしょに暮らす選択をした場合、わたしが相方の子どもの面倒をみなきゃいけない。そのことを自分ができるような気が、ぜんぜんしなかったから。直視したくない出来事ながら、それはあったよね。

「同性同士でやっていきます」なんて、できるのかなって

それに当時は、「同性同士なんかでいっしょに生活していくって、どうなんだろう？」とも思ってた。当時まだわたしは、同性愛者であることを親や周囲に伝えていなかったから、「どう思われるかな？」とか「やっていけるのかな？」と思うと、やっぱりとても怖かったのね。子どももいるし。

自分で言うのは恥ずかしいですけど、わたしはわりと優等生的に育ってるのね（笑）。成績も悪くなく、生徒会活動をやったりする、いわゆる「いい子ちゃん」だった。ルールを守るのが好き、みたいなタイプ。だからそんな「同性同士でやっていきます」なんていう「反社会的なこと」をやっていいものか（笑）、自分のなかで、最初はよくわからなかったの。

そもそも、なんで自分は同性である相方のことが好きなんだろう？　同性を好きになるというのはいったいどういうことなんだろう？　そういう生き方を実践すると、社会に対してどんな影響があるのか？　そういうことも一つひとつ、自分のなかで考え中だった。

そういったことについて、あるていどはっきりした答えが見えないうちに、子どもを連れて動くのは、すごく危ないことだとも思っていたのね。それなりに考えがまとまって、

きちんと述べられるようにならないと、人からなにか言われたときにぐらついちゃうから。相方もほとんど同い年で、一方的に頼れる相手っていうわけでは、ぜんぜんなかったしね。

この時期は、わたしの「暗黒時代」です（苦笑）。辛かった。夫は帰ってこないばかりか、だんだんと家にお金を入れるのもいやがるようになってて、「早く離婚してくれ」の一点張りだった。

相方のほうも、わたしがそんなひどい状態なのにもかかわらず、なんで自分との生活を選ばないのかってことに対して、不信感が出ていたよね。


相方さんとの暮らしを選択することは、小野さんにとって「離婚すること」「継母になること」「同性愛者として生きること」を、同時に意味していた。すぐには答えを出せない問題だったのだろう。

「たがいの人生の協力者になりたい」って思ったから

そんな「暗黒時代」が何年か続いて、さすがにわたしも心身ボロボロになった（苦笑）。それでついにあるとき、「もうこれは離婚しよう」って決意したの。離婚するときには、親にカミングアウト（同性愛者であることを告げる）もしました。

いまの相方と、だんだん半同棲みたいな形になったのは、離婚から半年ぐらいのころだったかな。最初の3年くらいは、おたがいの生活様式の違いとかに慣れるのに精一杯だった。今度は、相手のことを知る努力もしようと思ったから、話し合いやケンカばかりしていたよね。

これは結婚してたときの反省です。人生には、辛いときも苦しいときもある。そのときに、誰かと生きているにもかかわらず、たったひとりでそれに対処するっていうのは、いったいなんなのだろう？　と思ったから。やっぱり自分も、相手が辛いときには役に立つようでありたいし、わたしが辛いときには、相手にも役に立ってほしい。「たがいの人生の協力者」っていうような相手をもちたいな、って思ったから。

でも、近寄りたくて近寄るんだけれども、そうするとどうしてもエゴのぶつかりあいになってしまう。そこを乗り越えるのがまた、なかなか大変でね。話し合ってたはずなのに、いつのまにかケンカになって、相手を打ち負かすことばかり考えてたりして（苦笑）。だから、話し合うときは深刻になりすぎないように、ユーモアをもって話してみようとか、だいぶ試行錯誤して、そのうちに少しずつ、相手のことが理解できるようになってきた。

相手の人間性や価値観が見えてくると、「こういうとき、この人だったらきっとこうするんだろうな」とか、「こう思うんだろうな」とかいうこともわかってくる。そうするとすごくこれが、なんというのかな、ラクになってくるのね。

人生の辛いとき、苦しいときに支え合える関係を、今度こそ築きたい――。前回の結婚の反省から生まれたその願いは、切実だった。同居開始から7年が経ついまも、小野さんの思いに、まったく変わりはないようだ。そしてその思いは、実を結びつつある。

Q おふたりの役割分担は、どんな感じですか?

最初はお母さん役をやろうとしすぎた

いちおう共稼ぎなんだけれども、向こうのほうが収入は多いので、家計の分担は7対3ぐらい。家のことに関しては、最初のころはわたしが多くやってたんだけど、わたしが体調を崩して「これじゃだめだ」ってことになって、いまはあまり変わらないかな。

家事については、向こうはまず、朝、子どもらを学校に送り出して、夕ご飯の用意をしておいてくれる。一方わたしは洗濯や掃除を分担してる。

育児については、勉強を担当しているのが向こう。わたしは、日々の細かいことをやっている。たとえば明日持っていくものの準備とか、お友だちとのやりとりとか、今日学校であった話を聞いたりとか、そういうことね。

役割分担に関しては、レズビアンカップルのなかでもけっこういろんな形があって、「母＋母」みたいなカップルもあるらしいのね。でもうちはわりと、あっちがお父さん、わたしがお母さんみたいな役割を担っている。

最初はもっと、わたしがお母さん役を一手に引き受けようとしていたの。前回の結婚では、家事育児は基本的にわたしの仕事だったので、それを引きずっていたのね。だけど、いまの相手はもっとできる人なんだよね。いくら男みたいなところが多いとはいえ、やっぱり「女」として生きてきた人なわけで。それで、いまはもう少しゆるくやっています。

いまはまあこんな感じだけれど、子どもは育っていっちゃうから、また数年したら変わるんじゃないかな。暮らす期間が長くなるにつれて、子どもの成長といっしょに、気持ちの変化もあるじゃない？　だから、その関係も、つねに変わっていくよね。

Q 結婚式を挙げたそうですが、どうでしたか？

「わたしたちは、つがいでありまます」という表明

そうなの、わたしたちは、2年前に結婚式をしました。いっしょに暮らすようになって、5年目のときだね。ホテルのスウィートルーム・ウェディングで、友だちや恩師、来てくれそうなきょうだいとかを呼んで、ぜんぶで30人くらいだったかな。やって、ほんとうによかったと思う。

最初はね、相方はぜんぜん乗り気じゃなくて、わたしが話をもちかけたの。なんとなく、いっしょに暮らしはじめたんだから式をしたほうが区切りがついていいんじゃないかな、って思って。それで実際に式を挙げてみたら、その意味がわかったの。「ああそうか」っていう感じ。

つまりね、男女だったり同性だったりするペアが、社会のなかで「家族としていっしょにやっていきましょう」って話になったとき、これを「社会に宣言する」っていう作業が「式」なんだろうね。人間っていうのは群れの動物だと思うのだけど、その群れのなかで、

「わたしたちは、つがいであります」と表明をすることが「式」なんじゃないかと思うの。

で、この表明をした人たちっていうのが、世の中にはいっぱいいる。そのカップルたちを安定させて、さらにそのあいだに生まれてくる子どもたちを元気に育たせて、次世代を担わせるために用意されたのが「籍」などの社会制度だろう、というふうにわたしは理解しているの。子どもっていうのは、未来のコミュニティの宝だよね。もちろんコミュニティに還元するものは、子どもだけに限らないんだけれど。

いまはそういうふうに理解しているけど、以前、自分が結婚していたときは、それがわからなかった。（日本の）法律婚って「結婚＝籍を入れる」のセットになっているから、「結婚」と「入籍」が、同義語になっちゃってるよね。

だからじつは式をすることにしたときも、最初は悩んだのね。「籍を入れないのに、式をするっていうのは、意味がないんじゃないだろうか？」って。

でも、じつはぜんぜんそんなことはなかった。式をしたら、まわりが「あなたたちは、つがいなのね」と扱ってくれるようになった。それで「ああそうか、考えてみれば『結婚』と『籍』って、そもそも別モノだよな」って、あとから気がついたの。

いまのわたしたちは、あるていど公に宣言してはいるので、そこでは「つがい」として扱われている、でも社会制度にはのっとっていません、っていう状態だと思うの。
まあいまみたいな話は、いわゆる「恋愛結婚」が主流となっている社会で考えてみると、っていうことなんだけれどね。そもそも結婚っていうものは、時代時代によって、その定義が変わっていると思うので。

ふたりの人間がともに生きる約束をする。それを社会に宣言するのが「式」であって、そのふたりを支えるために用意された社会制度のひとつが「籍」だったのではないか。いまは「結婚」と「入籍」や「式」がいっしょくたにされがちだけれど、本来はそれぞれ別のものではなかったか――。小野さんは、「自分たちが（入籍できない）同性カップルだったからこそ、そのことに気づけたのかもしれない」と考えている。

なお、小野さんにとって、式を挙げた意味はとても大きかったという。「みんなから『おめでとう』っていわれることで『これでいいんだ』って思えるようになった」のだそうだ。異性カップルでも同様の部分はあるかもしれないが、とくに同性カップルの場合は、社会制度上認められていないぶん、周囲からの承認がより重みをもつのだろうか。

同性カップルもOKのパートナーシップ法がほしい

結婚の制度は、時代とともにもっと変わっていくべきだったんじゃないかなぁっていうのも感じるのね。

戸籍制度っていうのも、家父長制だった時代の明治憲法に基づいてできたもので、それって昔は有効だったかもしれないけれど、これだけ核家族化が進んだいまの社会には合わない。それであんなにきゅうくつに感じるんじゃないかな、とかね。だから、いまの結婚制度とか、戸籍制度に対しては、あまり賛成しているわけではないの。

いまの法律婚とは別の形の、同性カップルもOKな、新しいパートナーシップ法がほしい。それが、わたしの理想です。フランスのパックス（54ページ参照）とか、ああいう「個対個」の関係をベースにした結婚制度がほしいな、と思っているの。わたしも、パートナーや家族との関係を、社会的に認めてほしいから。

でももちろん、LGBTがみんなこういう考えだとは限らなくてね。ヘテロセクシュアルの人たちと同じように、LGBTのなかでも、ほんとうにいろんな意見がある。たとえば、「同性カップルもいまの形の法律婚をできるようにしたい」っていう人も多いし、他方では、「結婚制度そのものに反対」っていう人たちもいる。ほかにもいろいろ。

同性婚のこと

日本の同性カップルには、つがううえでの法的な保障がなにもない。

この状況に対し、同性カップルからはおもに、以下のふたつの声が上がっている。「従来の結婚制度を同性カップルにも適用させよう」という声と、「いまの結婚制度とはべつに、同性カップルにも適用される新しいパートナーシップ法をつくろう」という声だ。

同性カップルが異性カップルと同様に法的な結婚をできる国は、現在、世界に10か国ある（オランダ、ベルギー、スペイン、カナダ、南アフリカ、ノルウェー、スウェーデン、アルゼンチン、ポルトガル、アイスランド）。

また、同性カップルにも適用されるパートナーシップ法がある国や自治体は、40以上にのぼる。

なお、日本で従来の結婚を同性カップルにも適用させる場合は、憲法の改正が必要となる。憲法24条に「婚姻は、両性の合意のみに基づいて成立し……」という一節があるためだ。

〈参考〉
・石川大我『「好き」の？〈ハテナ〉がわかる本』
・「特別配偶者法ネットワーク」
http://partnershiplawjapan.org/

Q いまの形のメリットとデメリットはなんですか？

制度の外にいるから、「当たりまえ」を期待されない

まずメリットは、結婚していないことによって、相手の家族から過分な期待をされないですむことかな。わたしは相方のパートナーではあるけれども、「嫁」つまり「その家の女」ではないので、そういうことが期待されていない点は、非常にありがたい。

結婚したらその翌日からぜんぜん知らない人を「おかあさん」と呼ぶなんていうのも、世間では当たりまえだとされているけれど、以前結婚をしたとき、わたしはすごくびっくりしたのね。形から入るから、かえって相手と適切な距離感でつきあえなかったんじゃないなって思う。

いまはそういうこともしなくてすむのね。相方のお母さんは「うちの子のパートナーなのね、気が向いたときに遊びにきてね」って言ってくれて、遊びにいくごとにちょっとずつ距離感を縮めていく。このほうが、おたがいによっぽど自然だよね。

「相手の親の介護とか、どうなの？」なんていうことも、誰からも言われない。結婚して

いないから。そういうことも、「嫁だからやって当然」ではなく、「（わたしが）やったほうがいいのかなぁ？」って考えるところからスタートするの。

そんなふうに、外からのプレッシャーがないから、なんでもゆっくり自分たちの好きなように考えられるっていうのも、メリットかもしれないね。

それは、わたしたちが制度からはずれているからそうなっているんだけれど、ある意味でいいことだよね。本来、生きるっていうのは、一つひとつのことをぜんぶ、自分でちゃんと意味を把握して、行っていくことだと思うから。いまはこんなふうに、用意されたものがなにもないところにいるからこそ、それをしやすいんじゃないかな。

いちいち関係を説明するのが面倒

制度からはずれているデメリットはね、やっぱり、いちいちこの形を説明するのが面倒（笑）。「あ、結婚してるんで」ってひとことで言えれば、「結婚ってだいたいこういうものよね」という「一般的な常識」でパッとイメージが伝わって、わたしの状況を理解してもらえるんだけど。それがないのね。

「結婚みたいなことをしています」とか言うと「なんですか？　その『みたい』」っ

て?」って聞かれて、そうすると「相手が同性なので結婚制度はないのですけれど、いっしょに暮らして子どもを育ててます。親はあるていど理解してくれているし、実質的には『結婚』と変わらないんですが……」っていうような、長い話になってくる（笑）。それがいちいち、めんどくさい。

たまに説明がめんどくさくて、とっさに「あ、結婚してるんです」って言ってしまうこともあるのね。でもそうすると今度は、「誰に『結婚してる』って言ったんだっけ」って、あとでわからなくなってきたりして、これまためんどくさい（笑）。

いずれにしても、結局は面倒なわけで、それをいちいち乗りきらなきゃいけないのね。一般的な説明ができないために、いちいち個別の事情を話さなきゃいけないから。それがいちばんのデメリットかな。

つがおうという意志をもつ同性カップルの関係は、事実婚の異性カップルと同じようなところはあるが、社会的な認知度はより低い。そのため説明にも手間がかかるし、異性間の事実婚では認められている権利が、まだ認められていなかったりもする。

なお、この取材のあと、相方さんが会社の保養施設を家族で利用するため、パートナーが同性である旨を会社に伝えたところ、許可が下りなかったという。こういった面は、事実婚同様、会社によって対応が異なるようだ。

Q 実際に継母《ステップマザー》になってみて、どうでした？

報われない辛さをシェアする必要性

「相方といっしょに暮らしたら、継母になる」ってことは、最初から頭にはあったんだけれど、いっしょに暮らしはじめてみたら「わたしたちは同性カップルである」っていう部分にばかりとらわれてたのね。でも、ある日気がついた。「いまわたしがいろいろ辛いのは、同性カップルだからじゃなくて、わたしが継母になったからだ！」って（笑）。

やっぱり、自分の要素がぜんぜんない子どもを育てるということは、非常に大変なことだよね。わたしの気にする点や価値観、バックグラウンドなんか、なにも知らない子どもを日常的に、24時間態勢でみるっていうのは、すごくハードなこと。

継子はね、相方が絶対的な存在なの。母子ふたりきりで暮らしていた時期が3年くらいあるし、わたしの言うことなどぜんぜん聞かんのですね。だから「もうわたしは、この子のことはやらない！」みたいなケンカも、相方といっぱいしてきたよね。

そういう葛藤をシェアする仲間がほしくて、同じような立場の人とのつながりを求めたんだけど、同性カップルで子どもがいるケースって、まだまだ絶対数が少ないのね。子どもがいるLGBT同士が出会うチャンスも、そうそうないし。

だから最初は、ヘテロセクシュアルのステップファミリー（子連れ再婚家庭）のグループで、辛いことをシェアしてもらってた。継母さん同士で「そうだよね、継子を育てるっていうのは、報われなくて辛いよねぇ」とかいうグチを、そこでぶちまけあえるようになったのね。

ぶちまけないとぶちまけるとじゃ、ラクさがまったく違うのよ。ひとりで抱えてるとね、「わたしって、どうしてこんなに悪い人間なんだろう」とか思いながら暮らしてなきゃいけないからね。だから、ああいう場があったのは、ものすごくありがたかったなーと思ってる。


最近は子連れ離婚の増加とともに、子連れ再婚家庭も急増している。ステップファミリーは継親子関係をともなうため、初婚家庭とは異なるストレスを抱えやすく、とくに

「継母」の立場となる女性の負担は大きい。日本ではこの問題についてまだあまり知られていないが、当事者があらかじめ知識をもっていれば、気持ちがラクになったり、問題がこじれるのを回避したりできる。

小野さんは、今後増えていくであろう同性カップルのステップファミリーにも、この問題を知っておいてほしいと考えている。

Q 結婚って、なんだと思いますか?

生きていくうえでの、かけがえのない味方になること

世の中で使われる「結婚」っていう言葉は、法律婚を指しているよね。でも本質的な意味での「結婚」っていうものは、「パートナーシップ的なつながり」を指すんだと思う。

パートナーシップっていうのは、一対一の大人同士が、人生というものをいっしょに過ごすにあたって、ともに暮らし、苦楽をともにして、相手にとってかけがえのない味方になれるような関係。わたしはそんなふうにイメージしているの。だからそれは、入籍するとかしないとかいうこととは、関係ない。

生きてくって、そんなにラクなことではない。ラクなように見えているけれど、やっぱり本質的には、ラクではないと思うの。そりゃ大昔と比べたら、物質的にはいろんなものがラクになったよ。それでもやっぱり人間って、そんなにラクになってるように、わたしには思えない。生きてくってことは、それ相応に、いつの時代も大変なんだろうなと思う。

その「生きていくっていう大変なことを、いっしょに、味方になってやっていけるような関係」が、「つがい」なんじゃないかな。

たとえば戦争の時代だったら、とりあえず衣食住が足りるように努めるとか。いまみたいな時代なら、生活を維持していくための経済的な基盤をつくるとか、精神的な部分の支えになるとかね。子どもが生まれたら、その子を育てる基盤になるような関係。ともにその家族を維持し、守るっていうことに、ふたりで注力できるような関係だね。それが、わたしの「つがい」の定義かな。

これはわたしの趣味の問題なんですけど、別居婚には賛成でないのね。わたしとしては、生活をともにすることによって、その人が見えてくる部分がすごく大きいと感じているので。わたしは、「それを見たい派」なのね。

「生きていくっていう大変なことを、味方になってやっていけるような関係」――まさにこれこそが、「結婚」の本質的な意味かもしれない。

「結婚」だけじゃ、絆はできない

わたしはね、いまの相方といっしょに暮らして、初めて「絆」っていうものが得られたなって思ってるの。といっても、まだつくりかけだけどね。絆っていうのは、相手がかけがえのない、離れがたい存在になることじゃないかな。

以前は、結婚（入籍や式）っていうのが絆だと思っていたの。結婚すれば、なにもしなくても、絆ができるもんなのかと、わたしは馬鹿なので思っていた。でも、そんなことではないのね。絆が壊れた経験があるから、それがわかったの。

入籍するとか、そういうシステムに乗っかったからといって、家族になれるわけでも、絆ができるわけでもない。やっぱりそれは、「絆というものをつくっていく」という気持ちで、ふたりで努力をしなければ、そんなものはできなかったんだなと思う。

そういう意味でいうんだったら、いまは、絆らしきものが、おぼろげながらできてきたかなぁって。

それはもしかしたら、同性カップルを受けとめる社会システムがなかったたっていうおかげもあるかもしれないね。自分の考えをちゃんとまとめなきゃなって思うようになったし。やっぱり「自分っていうのが、どういう人間なのか」っていうことを把握するように努めないと、相手との関係も築けないものだから。

あとね、ＬＧＢＴであることで、社会が自分たちにとって順風ではない、というのも大きいと思う。逆風だからこそ「ふたりでがんばろうねぇ」みたいなところも、絶対にあると思う。

よく「夫婦は共通の趣味をもて」っていうけれど、わたしたちにとっては、ＬＧＢＴ的なことについて考えるっていうのが共通の趣味なんだよね。「今朝テレビでこんな話を聞いたよ」とか「都知事がこんなこと言ったよ」とか、いくらでも話すことがある。

そういうものがいろいろ合わさって、絆らしきものが、おぼろげながら見えてきてるのかなって思う。

入籍や挙式をすることで、自動的に夫婦の絆が生まれるわけではない。おたがいに努力をしつづけなければ、そんなものはできるはずがないのだ――。この本の取材中、同様の言葉を何度も耳にした。みんな、一度はそこで痛手を負っているのだろう。よい関係を継続するために、忘れずにいたいことだ。

熱情がある時期に、どれだけ相手を知ることができるか

恋愛の初期のころは、もうただ「好きだー！」っていう気持ちがあって、そのよくわからない熱情が、わたしたちを離れがたくしていたと思うのね。でもいまはもう、わたしたちはそういう段階ではなくて、気持ちもかなり穏やかなものになりつつある。

その最初の、ものすごい吸引力をもった時期、いわゆる性愛っていうものが人を引きつける力をもっているあいだに、どれだけ相手を知ることができるかっていうのが、絆をつくる勝負じゃないかってわたしは思っているのね。相手に対して、ものすごく興味をもっている状態のときに、どれだけ相手を知るための努力を払えるかっていうこと。この考えは、わたしが「師匠」とあおぐ大塚隆史*さんの受け売りでもあるんだけど。

それが、まあまあできたかな、いまのところ。おぼろげながら、絆というものが見えてる気がするので。最初は相手のことがぜんぜんわからなくて「なんだこの人？」と思っていたのが、その性愛的なものでひかれてる期間に、いっぱいケンカや話し合いをしてきて、

「ああ、こういう人なのかぁ」って、なんとなくわかったような気がしている。

だけど、やっぱりまだ知らない部分がいっぱいあるのね。「へえ、こんな人だったんだ」とか「えっ、そんなふうに思うんだ!?」とか、まだ、よくびっくりしている。だから、何十年も連れ添ってる人たちから見たら、きっと「まだまだ青い」んだけど（笑）。

でもまあ、とりあえず最初のひと波は、乗り越えられたかなと思う。まだきっと、波はいっぱいあるんだと思うけれどね。だからそのときに、絆が壊れないといいなー、そういう絆になってくれるといいなーと思ってます。

＊『二人で生きる技術』著者。ゲイであることをカミングアウトして活動する造形作家／ライター／バー『タックスノット』オーナー。

Q これから「結婚」するかもしれない人に伝えたいことは？

自分を幸せにするために、いろんなものを取っぱらう

まずは自分が裸になった状態で好きになれる人を見つけなよ、と思う。で、その人とつきあって、その人と向き合う方法を考えたほうがいい。これはほんとうに、昔の自分に言ってやりたい。

「何歳までに結婚しなきゃ」とか思ってるかもしれないけど、そういうことには縛られなくていいんだよ。でも、そうしたけりゃそうしてもいいと思うけどね。

やって失敗してもいいんだと思う。わたしも、やって失敗しなかったら、絶対にわからなかったと思うから。痛い目にあっても「ああ、そうだったかー」って、自分なりの答えを見つけられたら、めっけもん。人から言われても、きっとあまり、わからないよね。自分で体験してみたらいいんじゃないかな。

でもやっぱり、焦ってシステムに乗っかってもしょうがないよ、っていうのは思う。人の言うことを鵜呑みにしても、いいことなんてないから。

最後に自分が幸せかどうかの責任なんて、ほかの誰もとってくれないもん。結局は自分でとるしかない。

だから、「自分が自分を幸せにする方法については、もっといろんなものを取っぱらって考えてもいいんじゃない?」って思います。

同性カップルにとっての結婚式

＊男性同士でつがう赤杉康伸さん（36）も、あるきっかけから挙式を考えるようになったという。

「むかしはそんなに思わなかったんですけど、ノンケ（異性愛者）の、仲のいい友だちの結婚式に行ったときに、『あ、なんか友だちとか家族、親しい人と、そういうイベントをやるのって悪くないな』って思ったんですよね。まわりの人に承認されるっていうか、いろんなまわりの関係のなかに自分たちカップルがいるっていうのを、その友だちの結婚式を見て、いいなって思ったんです。

去年がつきあってちょうど10年だったんで、ほんとうは（式を）やりたかったんですけどね。でもおたがい忙しくて無理だった。

毎年6月に名古屋でHIV予防啓発のイベントがあって、そのフィナーレで『同性結婚式』っていうのをやってるんですよ。それに乗じようかな、というのも一度は考えたんです。それで石坂（パートナー）に聞いてみたんですけど、彼はいろんな戦略を考えてて、『もし式をやるんであれば、ちゃんとしたホテルでやって、経営者側に同性カップルの結婚式というものもこれだけニーズがあって、お金になるっていうことをわからせたいから、機が熟した段階でやりたい』って。だからまあ、いつか記念でやりたいな、っていうのは思ってるんですけど」

＊友人のゲイカップル同士でW挙式を行ったという、福島県在住・S田さん（28）のコメント。

「式を挙げたのは去年で、つきあって6年、同棲始めて3年のときでした。もう完全にノリで、『強い思いがあって、紆余曲折のすえに挙式！』っていうんじゃないんです、すみません（笑）。

ホテルの会場をツテでお借りして、司会や給仕なんかはぜんぶ友人たちがやってくれました。列席者は、親族やら友人やらその親御さんやら、なんだかんだで200名近くいましたかね。

もちろん協力してくれた友人や参列してくれた方々への感謝の気持ちはあるんですけど、とくに『結婚したぞー！』という感慨もなく、個人的には『彼氏とデートして楽しかったよ～』ってのと変わらないんですよね。

ゲイとかやってると、結婚とか出産とか、明確な区切りがないことに苦しむタイプと、そういう区切りがないからこそラクだよね～、ととらえるタイプにパッカリ分かれるような気がするんですが、ぼくらは完全に後者でして。『明確な区切りがないからこそ、この楽しい日々がずっと続くよね～、それはそれで素敵よね～』みたいな感じですね。

なので、式の前と後でなにかが変わったというのも、まったくないです」

たとえほかのオトコに恋しても

中村うさぎ

夫婦のつながりは、目に見えないところにある

私の夫はゲイである。籍を入れて法律婚をしているので夫婦だけれど、私たちのあいだにセックスは一度もない。

私が結婚したとき、『噂の真相』という雑誌の1行ニュースだかなんだかで「中村うさぎの夫はゲイ。偽装結婚との噂」と書かれた。そのときに私は「セックスしないとほんとうの結婚ではないと言うのなら、もう何年もセックスレスになってる夫婦は全員、偽装結婚なのかよ」と思わずツッコんでしまった。

なにがほんとうの結婚か、なんて定義はどこにもないんだよ。そんなの自分で作ればい

いじゃん。入籍しようがしまいが、同居しようが別居しようが、異性だろうが同性だろうが、とにかく大事なのは「双方がいちばん納得してる形」ではないのか。理解や愛情や信頼で結ばれ、ずっといっしょに生きていこうねと思える、目に見えない心の紐帯こそが大切ではないのか。

そう、夫婦とは「目に見えない関係」なのだ。それをとりあえず「目に見える」すなわち「人からも見える」形にするのが婚姻制度である。だから、自分たちの関係を「目に見える」形にするのはべつにそれぞれの自由なのだが、「目に見えなきゃいけない」とか「目に見えてるから安心」などと考えるのは安易に過ぎる。人の心が見えないように、人と人の絆も目には見えないものなのだ。そんなの小学生だって知ってるよ。星の王子様も言ってたじゃん、「大切なものは目に見えない」って。

人間はひとりでは生きていけない。結婚してなくたって、周りの誰かに助けられたり支えられたりして生きているのだ。ほんとうにたった独りで生きていける人など稀有である。

私はバツイチなのだが、30代初めで離婚したときには心の底からせいせいして「これからはひとりで自由に生きていこっと」と心に決めた。だが、結局そうしなかったのは「ひとりでできることには限界がある」と知ったからだ。それは経済的な問題でもないし、家事がどうこうといった問題でもなく、ただただ人は未熟であり、誰かとなにかを分かちあったり補いあったりしなければ心地よく生きていくことはできない、ということなのである。

“不自由な安全”にしがみついて、相手を憎むなんて

私の現在の結婚の特徴は「夫がゲイで夫婦間セックスはない」こと、したがって「恋愛とセックスはおたがいに自由である」こと（実際、私たちはそれを「浮気」とも呼ばない）、さらに「妻（私）が稼いで夫は家事をしている」こと……この3点だと思う。どれも他人からはたいてい「え、それ大丈夫？」などと訊かれるのだが、ぜんぜん大丈夫よ。

とくに2番目の「恋愛とセックスはおたがいに自由」というところが人からはおおいに危ぶまれるのだが、私に言わせればこれが一番重要な「うまくいってる秘訣」だよ。

ねぇ、だって考えてもみてよ。一生ひとりの人だけ好きでいるなんて無理じゃない？普通に生きてりゃ、ほかに好きな人できちゃうよ。好きになったらセックスしたくなっちゃうよ。それを我慢することになにか意味あるの？ たとえ我慢して貞節を守ったって、別

の理由でいくらでも破綻しますよ、結婚なんて。いや、むしろ我慢してるからこそストレス溜まって相手を憎んだりするもんだよ。

　私の友人にも「夫が憎い」と公言する妻がいる。その理由をつきつめると、結局、「私はこんなにいろいろ我慢してるのに」みたいな話になるのだが、そんなに相手を憎むくらいなら我慢なんかしなきゃいい。なにもかも放りだして自由に生きな。その代わり、自由は厳しいよ。それを引き受ける覚悟があるなら、好きなように生きてみればいいじゃん。

　だが、彼女はそうしない。夫を憎み、愚痴を言い、それでもずっと結婚生活を続けている。なぜなら、「夫を必要としてるから」だ。経済的にはもちろん、精神的にも夫が彼女を世間の厳しい風圧から守っているのだ。だから彼女は浮気もできない。浮気がバレると夫から捨てられると恐れ、それゆえますます「夫が私を縛っている」と憎しみを募らせる。

　違うよ、あなたは自分で自分を縛っているの。もっと自由に生きる選択肢もあるのに、いろいろなものを失うことを嫌がって不自由であることを選び、それをすべて夫のせいにしてるだけなの。

夫はかけがえのない重石

と、まぁ、このように、もともとは「目に見えない関係」であるはずの夫婦関係を「目に見える婚姻制度」に乗っかって安易に形づくってしまったがゆえに、ほんとうに大切なものが見えなくなってしまっている例は多い。「夫婦なんだから○○して当然」とか「夫（妻）なんだから○○すべき」とか、そんな頭ごなしに決めつけて作った関係なんて、すぐに内側から崩れていってしまうんだよ。人間関係に最初から決められた「当然」や「べき」はないものと思ったほうがいい。それは自分たちで一から作り上げていくものなのです。

うちの夫婦も、一時期、別々に住んでいたことがある。夫が「彼氏と暮らしたい」と言いだしたので、「いいよ」と答えて別の部屋を借りたのだ。それは何年か続いたが、いまはまたいっしょに住んでいる。家賃がダブルになって大変だったのもあるが、やっぱりいっしょに暮らしたほうが快適かなと思ったからだ。でも、それが息苦しくなったら、またいつでも別居すればいい。くっついたり離れたりしても、私たちはずっと夫婦だから。

あるとき、税金の支払いで汲々としていた時期に、私がなにもかも嫌になって「あー、もう早く死にたい。ひとりだったら死ねるのに、あんたがいるから死ねないじゃない！

生命保険に入っときゃよかった」などとヤケクソ暴言を吐いたら、夫が答えて言った。

「保険になんか入らないで。あなたは私がいるから、仕方なく生きてるんでしょ。でもね、私はあなたにずっと生きてて欲しいの。だから、私がいる限りあなたが死ねないのなら、私はずっとあなたの重荷でいるわ。あなたを死なせないために、私は生きてるの。保険に入ったらあなたはほんとうに死んじゃうかもしれないから、保険になんか入っちゃダメ」

ようするに、これが我々の「夫婦」の絆なのだ。重荷であると同時に、重石になる関係。彼という重石がないと、私はどこかに飛んでいって消えてしまうかもしれないから。私がこの世に留まり続ける理由は「夫がいるから」なのである。たとえほかの男に恋したりセックスしまくったりしても、誰も夫の代わりにはなれない。夫がいるから私は今日も生きているのだ。


（この本のために原稿を寄せていただきました——編集部）

第2部

中身もなんでもいいじゃない

〈同居・法律婚〉

つがい❻森澤雅美さん

役割逆転婚

「わたしがダンナを囲っているところはあります」

森澤雅美さん（仮名・40）。14年前に結婚して、ダンナさんの苗字である「森澤」になった。当初は共稼ぎで、雅美さんがシュフの仕事をしていたが、10年ほどまえからダンナさんがシュフとなり、雅美さんが大黒柱として稼ぎを担当している。

ダンナさんは5歳年上。小学生の娘がふたりいる。

〈つがい❶半同居婚〉のしばざきとしえさんとは、高校時代の同級生。

Q この形にいたるまでの流れを教えてもらえますか？

「すえは教授夫人？」という未来図の破綻

学生結婚だったんです。大学院生だったので、わたしが27歳、主人が32歳のとき。「学生っていうにはどうなの？」っていう歳ですね（笑）。

最初はふたりとも学校に行きながら仕事をしてたんです。当時は職場も同じでした。が、仕事と勉強の両立に疲れたのもあり、わたしはもう勉学はあきらめようと決めた。なんでかというと、うちの主人のほうが勉学に向いているだろう、と思ったんです。

主人は当時フランス文学をやっていて、留学するためにフランス政府の試験を受けてたんです。なかなか受からなかったんですけれど。だからわたしも「それなら、うちのダンナにがんばってもらって、試験に受かったらいっしょに行っちゃおう♪」みたいな（笑）。そういうつもりで生活してました。

フランスに行くまでは、意図的に子どももつくりませんでした。学生の身分で行くわけですから、やっぱり経済的にも厳しいですしね。

だけど、実際に試験に受かってフランスに行ってみたら、わたしのほうは楽しかったんですけど、主人がダメで……（笑）。もともとそんなに順応性がある人じゃないので「飯がまずい」だの「あいつら、わかってない」だのと言い出した。文化の違いというものを受け入れるタイプではなかったんですよね。

行って3か月で「帰る」って言いましたからね。こっちは「えーっ⁉」みたいな（笑）。ほんとうは、2、3年いる予定だったんです。論文を1本書くのに、ふつうはそれくらいかかるので。だからわたしも、みんなに「2、3年行ってくるから！」って言ってきたのに……（笑）。

でも、帰るっていっても、戻る場所がないんですよ。向こうに行って論文を書いて戻ってくるっていうのが、そのあと大学に研究者として残っていくための最初のステップなんです。だからそれを投げ出すっていうのは、すっごく重いことなんですね。もうとても大学には戻れない。つまり、仕事を辞めるっていうのと同じですよね。

わたしとしては「主人にがんばってもらって、将来は教授夫人かな♪」とか思っているところがうっすらありましたからね。「そこまでがんばっておきゃいいか」と思っていたので、「えっ、ここまで来てやめる⁉」みたいな（笑）。びっくりしましたねぇ。

取材時の待ちあわせを決めたメールに書いてあったとおり、とても背が高い人だった。通りの向こうに立つ、頭ひとつとびだした女性に会釈をしたら、ニコニコと駆け寄ってきてくれた。細身の身体に、ロングヘアがよく似合っている。

自分が勉強をやめた理由を「主人のほうが向いていると思ったから」とあっさり語っていたが、ほんとうは続けたい気持ちはあったろうし、当時は相当悩んだのではないだろうか。それを、渡仏後3か月で「帰る」と告げられたというのだから、その衝撃は、察してあまりある。

留学先での大ゲンカ

わたしも最初はしりを叩いてたんですけどね。だんだん、うちのダンナが自閉的になっていったんです。朝から晩までギターを弾いてる。寝るか、ギターを弾くかっていう生活です。ほかにすがるところがないんですね。ほんとになんていうのかな、引きこもりですよ、パリに行って引きこもり（笑）。

わたしは語学学校に入学していたこともあって、まだ帰りたくなかった。もし帰ったとしても、もううちのダンナの将来は、いままで進んできた道筋においては、ないわけですしね。

そのとき、ダンナは35歳近くなってたんです。そこまで学生をやってた人が、帰ってなにするのよ、って話じゃないですか（笑）。もうだから、ほんっとにケンカでしたよ、たい〜へんな、修羅場です。

「帰ってなにやるのよアンタ、いったいなにができるっていうの!」「翻訳」「翻訳なんかで食っていけるわけないでしょ!」「やってみなきゃわかんないだろう」「やらなくてもわかる!」みたいな。ははは……(力なく)。そのときはさすがに、離婚を考えました。

ダンナだけ帰ってもらって、わたしはそのまま残ろうかな、とも思いました。自分であるていど働いていたので、1年くらいいられるお金は持ってましたし。

でも、そうなったらたぶんもう、結婚生活を続けられない。離婚したいわけじゃないけれど、こういう形の別れ方をしたら、夫婦は続けられないだろうな、とは思いました。そこはひとつ、どうしようかな、と思いましたよね。

あとになって、主人の友だちが「あのとき、よく離婚しなかったよね〜。絶対すると思ったよ」って言ってたので、ハタから見ても相当なものだったんでしょう(笑)。

日本にいたころ、ダンナさんは大学で助手を務めていたそうだ。そんな人が、フランスの大学では「紙クズ同然の扱い」を受けることになる。「言葉の壁もあるし、隠微に人種差別もあるし、そういういろいろを含めて、耐えられなかったんでしょうね」。雅美さんは、穏やかに言い添えた。

ラクして相手に乗っかろうとしていた

でも考えているうちに、「待てよ」と思った。「わたしはなぜ、フランスに来たんだろう?」と考えたんですよ。わたしが海外で勉強するんだったら、わたし自身は専攻がアメリカ文学だったんだから、アメリカだったはずだろう。

そう思ったときに、「わたしはラクをして、ここに来たんだな」と気づいたんです。わたしは結局、ダンナのがんばりに乗っかって、自分の「ちょっと海外で勉強したい」っていう思いを満たそうとしていたんだな、と思った。

「自分の力で来たわけじゃないから、こういうことになる」と思ったんですよね。よく考えてみると、そうじゃないですか? わたしが勉強したわけじゃないし、ダンナが来なければわたしだってここに来ることはなかったわけだから、やっぱり、そういうズルい考えが自分のなかにあったんだなって思った。

それで、「もし離婚してやり直すにしても、ダンナのしりに乗っかってきたフランス行きは、ダンナのしりに乗って帰って、それから考えよう」と決めたんです(笑)。

そのときはたぶん、夫婦のあり方っていうより、人間関係として考えたんですよ。「夫婦だから、生活がいっしょだから、なんでもいっしょ」っていうことではなく。

もちろん夫婦だから、頼りあいはあるんですけど、でもそれぞれ個々の人間ですから、やっぱりおたがいに自分のことがある。それをラクして相手に乗っかろうとしていた、自分の浅はかな考えに気づいたときに、「あたしはあたしでちゃんとしてないと、こういうことになるんだ」って思った気がします。

わたしのなかでのターニングポイントって考えたら、もう絶対、そこですね。

「自分の力で来たわけじゃないから、こういうことになる」。その言葉を、雅美さんは、一語一語かみしめるように口にした。

雅美さんがダンナさんの夢につきあってフランスに来た、そのことは「夫婦だったら」当然で、ぜんぜん「ズルい」ことではないと思う。

けれどその夢が破れ、ふたりの関係が危機に瀕したとき、雅美さんは、ダンナさんと自分の関係を「夫婦として」ではなく「ただのふたりの個々の人間の関係として」とらえるようになった。その目で見れば、ダンナさんというひとりの人間に、自分の人生を背負わせていた自分は「浅はか」で「ズルかった」と映るのだろう。

「違うもの同士がいるんだ」という感覚

その一件以来、いろいろ変わったんだと思います。

たとえば、それまで日本にいたときは、ダンナに対して、生活習慣の違いとかで腹が立ったりすることが、すごく多かったんですね。でもそれが、同じ腹が立つのでも、心の底から「もう絶対許せない！」みたいなものでは、なくなった。

いやほんとに、フランスに行くまえは、ダンナが部屋でギターとか弾いてると、「わたし、いま仕事してんのに、なんでそこでギター弾くかな」ってだんだんイライラして、「間違ったふりしてギター踏んでやろうか？」とか思うことがあったんですよ（笑）。

そのころは相手に対して「自分と同じになってほしい」って思ってたんですよね、きっと。そうじゃなくて、「違うもの同士がいるんだ」っていう感覚に変わったんだと思います。

だから逆に言うと、そのころは我慢もしていた。言えばよかったんですよね。「いまちょっと仕事してるから、ギターは外でやってくんない？」とか、ふつうに言えばよかったんですけど、それが言えてなかった。「自分でわかれよ」って思ってた。

でもそれは「言わなきゃわからないこと」で、でも「言えばわかってもらえること」でもあるっていうのが、たぶん自分でわかったんじゃないかな。

日本に帰ってきてからは、ずいぶん穏やかになりました。それはいま振り返ると、あのときの思い、「あたしはあたしでちゃんとしてないと」っていう決心が影響してそうなったんだなぁって思います。

帰国後は「シュフ逆転」でスタート

話が戻りますが、それで結局、ダンナに言ったんです。「辛いのはわかった。そんなに学校に行くのが苦しいんだったら、行かなくていい。でもそのかわり、1年はいさせてほしい」って。それで、当のダンナは学校に行かず（笑）、わたしは語学学校に通って、1年後に帰ってきました。

そこから「シュフ逆転」です。ダンナはもう大学には居場所がないので、帰ってからも夫婦を続けるのであれば、そういうスタートにならざるをえないですからね。わたしはもとの会社に戻りました。仕事は、学習参考書などの編集です。ダンナには、「なんか新しく仕事を考えるなら考えるでもいいし、そのかわり、家のことはやってよね」と。

だから、こんなふうに役割が逆転したのは、ほんっとに成り行きですね（笑）。

それからは、ダンナとの「距離感」をいちばん気にしてました、いま振り返ると。夫婦って、微妙じゃないですか。あんまりよそよそしくしたら他人になっちゃうし、だからって、あんまり親みたいに世話を焼きすぎるとおたがいくたびれちゃうし。だからつかず離れずで、「やりすぎたな」と思ったら引き、「引きすぎたな」と思ったら押し、みたいなことを、毎日毎日、気にしてました（笑）。

夫婦のあいだで「距離感を気にする」というと、ちょっと意外な感じがするが、「いっしょに暮らす、ただのふたりの人間」として考えれば、距離感に気を配るのは当然のことだろう。夫婦だからといって、特別な関係だと思わないこと。フランスの一件以来、雅美さんの意識は、徹底して変わったようだ。

挫折感のなかで、やる気までそがないように

ダンナがシュフを始めたとき、「わたしは黙って見てる」って決めたんですよ。最初は、それがけっこう大変でした。

家事でもなんでも、一つひとつ自分とはやり方が違いますよね。たとえば洗い物にしても、やり慣れてないので、「なんで卵を洗ったそのスポンジで、そのままコップを洗うか!?」みたいなことがある。お水飲んだら「なまぐさ〜い」(笑)。そういう小さいこと一つひとつを、言わない。これは、そうしないとイヤになっちゃうだろうと思ったから。だからただ、「なんかこれ、なまぐさくなぁい? なんでだろうねぇ、なにかした?」とか聞いてみる(笑)。そういうのも、もしフランスでの一件がなかったら、「ちょっと、これ絶対、卵洗ったスポンジでそのまま洗ったでしょう!?」みたいに言ってたと思うんですけど(笑)、それはしないって決めたんです。

ダンナ本人も、(大学で)偉くなりたいと思ってなかったわけじゃないだろうと思うんですね。だから、落ちても落ちても毎年試験を受けてたわけだし。それを「やめる」って言って、帰ってくるって決めたのは、こっちから見たら腹が立ちますけど、それはたぶん本人のなかには大きな挫折感として残ってるはずだと思うんですよ。それをべつに隠してあげるいわれはないし、隠してあげる気もないんですけど。

でも、そういう挫折感のなかで、本人がものすごい意志で「なにかやろう」と思ってるんだったら、そのやる気まで、そいじゃいけないって思うじゃないですか。それされたら、立ち直れないですよね（笑）。
もっと弱々しい感じの、「ダメなの僕、助けて」っていうタイプだったらそれでもいいんでしょうけど、元来「男は黙って黒ラベル！」みたいな人なんです（笑）。その人が、出世街道から外れ、帰ってきた。日本で生きていくためには、なにか自信をつけないといけないだろうって思ったんです。

ダンナさんの不慣れな家事を「黙って見てる」と決めたのは、「妻として」というより、共同生活を送るひとりの人間としてのやさしさだろう。わたしが感じ入っていると、「でもね、向こうに聞いたら『文句ばっかり言ってた』って言うと思いますよ！」と、雅美さんは照れたように笑った。

Q 役割逆転した夫婦になるのに、影響を受けたものってありますか？

家のことをいつもマメにやっていた父

ダンナがシュフをやることについて、わたしに抵抗がなかった理由は、うちの両親にあると思います。

うちの父親は戦中生まれだし、製造業の技師なので、職人気質の古いタイプの人なんですけれど、もんっのすごくマメなんですね。家のことを、ぜんぜん平気でやるんです。

わたしが子どものころ、朝いちばんに起きて、炊飯器のスイッチ入れるのは父親。お茶もいれてくれる。うちの母親も古い人だし、基本的には家にいるシュフだったんですけど、その父親がいれてくれたお茶を飲みながら「眠いよう」とか言ってる（笑）。でもいちおう、そのお茶で起きて、ご飯をつくるのは母親なんですけどね。

だからふつうの形ではあるんですけど、父親は妙に、家の中を動きまわる。休日は「この立てつけが悪い」とか言って直したり、かたっぱしから家のことをやっている。洗濯物も、うちの母親は「積んどけば取れるじゃん」みたいな人なので（笑）、それを「まったくぅ、なんで俺がやってるんだ」とか言いながら、たたんだりしている。

わたしは、そういう人と結婚すると思ってなかったんですけどね。そんな男の人はあまりいないだろうと思ってたし、最初はうちのダンナもそういうタイプじゃなかった。仕事して、夜は飲んで、夜中過ぎまで帰ってこない、みたいな人だったんですよ。まぁ、もともと、家のことはできると思ってたみたいですけどね。わたしがシュフをやってたころにも、たまに料理をつくることはあったので。

いまは結局、うちの両親と同じで、ダンナが家のことをこまごまとやっている。わたしの靴下がひとつ落ちてて、ダンナに「ちょっと、靴下。汚れものは洗濯機に入れてくれる?」とか言われたりしてます(笑)。

家での父をほめちぎっていた母

あとはね、母親のすごさっていうのも、わたしのなかに大きくあります。

うちの父親は中学しか卒業していないので、やっぱり漢字とか苦手なんですね。いっしょにテレビ見てても、たまにわけわかんないことを言ったりするんですよ、子どもみたいに。「え? いまの話、なにもわかってなかった?」というような(笑)。たぶん知らない単語が出てきたりするんでしょう。いっしょに生活してると、そういうのはやっぱりあるわけですよ。

そうすると、わたしも弟もふつうに高校や大学に行ってるので、そういう父親をバカにしちゃう可能性だってあったわけですよね。なのに、わたしにも弟にも、いっさいそういう気持ちは生まれなかったんです。

それはなぜかと考えると、うちの母親が、父親を立てていたからだなって思うんですよ。漢字が読めないとか、そういうことを隠すんじゃなくて、父親のすごいところっていうのを見せてくれる。「やっぱりお父さんって、ここがすごいよね」とか、なにか直してくれたりすると「よく気がついたよね、これはやっぱ、抜群だよね！」とか言って。

そうやって、うちの母親が父親のすごさを示してくれてたから、わたしや弟も「うちの父親はすごい！」って思ってた。そういうのが、あるんですよね。

だからいま、うちのダンナが家にいるわけじゃないですか。「翻訳」という名で仕事はしてるんですけど、ほとんど家のことがメインですよね。

そういうお父さんを子どもがどうとらえるか、っていうのはすごく大切なので、だからわたしも、ダンナが家でしてくれることで「これはわたしにはできない」と思ったときは、「すごいね、お父さんって、ねぇ！」「お父さんのご飯、おいしいよねぇ〜」って、口に出して言う。思ってるだけじゃ、伝わらないので。

「母親が父親を立てていた」と聞くと、昔の男尊女卑のようなイメージがあるけれど、このお母さんはおそらく男も女も関係なく、ただ生活をともにする他者として、夫のことを尊重していたのだろう。雅美さんのダンナさんに対する接し方と、お母さんのそれは、よく似ている。

孤独なシュフの作業を、ダンナは黙々とこなす

ダンナには感謝してますよ。世間一般のお父さんだって、いまどきは家事分担とかいって、皿洗いとかはするわけじゃないですか。最初はわたしも、ぜんぶダンナに任せるのが不安だったのもあって、できるだけ保育園に行ったり、洗い物したり、いっしょに買い物にいったりしてたんですけど、だんだんと……。

とくに、3年前に会社がつぶれてからわたしはフリーランスになったんですが、それ以来、仕事量も増えて休みもなくなったので、ほんっとに家のことができなくなってるんですね。だからダンナは、そういうのをぜんぶひとりでまわしてて、大変だと思うんです。

おまけに、シュフ友だちとかもいないじゃないですか。ご近所の方とか、あいさつていどはするでしょうけど。そういう意味では、孤独な作業を黙々とやっている。

それでも、わたしが家のことをお手伝いできなくなってることに対して、責めるような言い方を絶対しないですよね。「あっ、これは暗に……?」みたいに、遠まわしなのはあ

りますけど（笑）。

最近はわたし、明け方まで仕事をしているので、朝も起きられなくて、子どもが出かけるのにも間に合わないことが多くなっちゃってるんですね。子どもに「お母さん、髪の毛！」って起こされて、「はい〜っ」って髪の毛を縛って、またパタッて倒れる、みたいな（笑）。そういう状況でも「まったく……」みたいなことを言わない。だから子どもも、わたしのことを「ねぼすけ」とかは言いますけど、責めるような言い方はしないです。

まあ、これから大きくなってきたらどうなるかわかんないですけど、いまのところそんなふうに、母親らしいことをしてなくても、子どもがそれに対して文句を言うことはないです。むしろ、ねぎらってくれたりする。どこまで本気かわかんないですけどね、「お母さん、仕事大変だよね」とか（笑）。泣けますすね。

雅美さんは「家のことをできなくなっている」と何度も言うが、よくよく話を聞くと、子どもたちの洋服の管理など、雅美さんが分担している部分も意外とあるようだ。雅美さんがダンナさんに感謝しているように、ダンナさんも雅美さんに感謝しているから、子どもたちも自然と、雅美さんをねぎらってくれるのだろう。

こんなふうな、一般と違う形をとる難しさってありますか？

まわりに説明したい気持ちがあった

最初はもっと、まわりに対して「わかってもらいたい」と思ってたんですよ。たとえば、子どもが保育園で「ごっこ遊び」とかしますよね。そういうとき、料理の場面で出てくるのがお父さんなんですよ。「ご飯をつくるのはお父さん」っていう前提ですから、「お父さんがつくってくれた、ナントカですよ〜」って言って、おもちゃの皿を出したりする。

そうすると、そういうのを見た先生が、わたしが迎えにいったときに、「ママは幸せね〜っ、感謝しなきゃねぇっ！」って言うんですよ（苦笑）。

ちょっとは話してあるんですよ、その先生にも。「うちはわたしが外に行って働いてるので、家のことはダンナがやってるんです。母親じゃないから、目が届かないこともあるかもしれないですけど、よろしくお願いします」って。「ああ、わかりました」って、その先生も言ってるんですけど、わかってない（苦笑）。

もちろん、ダンナには感謝してますよ。でも、「そういう話じゃないだろう」って思うんですよね。そういう役割分担だから（笑）。

最初のうちは、そこをわかってもらえたほうがいいなって思ってたから、説明したい気持ちがすごくあったんです。機会があれば、小出しに説明しようとしてました。

聞いているわたしのほうが、ため息をついてしまった。もしシュフをしているのが「従来どおり」妻のほうだったら、ダンナさんに向かって「奥さんが料理をつくってくれるの、感謝しなきゃねぇっ！」なんて言う人はいない。だが、夫婦共稼ぎの場合はもちろん、妻が大黒柱として稼いでいる場合ですら「家のことは妻がするのが当たりまえ」と思われ、こんなことを言われてしまうのだ。やれやれと思う。

わたしたちが「いいじゃん」と思ってれば、それでいい

だけど、最近はあんまり説明しなくなっちゃってますね。

わたしも最初は「ダンナがシュフで、わたしが大黒柱なんだから」って気負ってたぶん、それをまわりにもわかってほしかった。でも最近はもう、わざわざ言わなくてもいいいかなって思う。そう思うようになったのは、自分の親がきっかけです。

うちの母親って、わりと型にはまってないんですよ。たとえば、わたしたち家族が実家に帰るじゃないですか。そしたらふつう、実家の母親が、料理とかがんばりますよね？それがうちの母親は、自分は料理しなくなっちゃう（笑）。「○○さん（ダンナさんの名前）、よろしく〜！　ハイッ」って、買い物袋を渡すんです（笑）。

そんな母なので、いろんなことをわかってくれるんですけど、それでも。「○○さんは、いつになったら働くの？」とか、ちょっと言ったりする。だから、やっぱりどっかに「男の人は働いてないと」みたいなのがあるんだろうなと思うんですね。

まあいまのご時世、夫婦共稼ぎがふつうだから、そういう意味で「働かないの？」って言っているのかもしれないんですけど。でもやっぱり自分の親でも……、そりゃわからないですよね（笑）。

なので、あまり無理に説明するとか、わかってもらおうとするのは、やめようって思います。わたしもダンナも、それを見ている子どもたちも「まあいいじゃん」と思ってれば、それでいい。

Q ダンナさんにも稼いでほしいと思うことはないですか？

いまはこの距離感で成り立っているから

それが、難しいんですよねぇ……。ほんとうのところ、わたしがダンナを囲っているところはあります。仕事に出て行ってほしくないと思ってるところがあるんですよ。

というのは、そもそもうちのダンナは権力志向で、組織や職場に入ると、そこを「まわす側」にならないと気がすまないタイプなんです。だから、まだ結婚したてで彼が仕事をしてたころは、それこそ仕事終わったら明け方まで飲むし、「仕事してればいいだろう」っていう生活だったんです。絵に描いたような昭和の男、なんですよ（笑）。

もちろん、そうじゃないエッセンスもどっかにあったんで、いまの形でもやってますけど、社会の組織に出ていくと、またそういうふうになっていくと思うので。

うちのダンナには、「子どもが小さいあいだは」っていう言い方で頼んでるところはあります。わたしもいまはダンナが家にいてくれるから、子どもをほっといても安心して働けてるので、もしダンナが夜、帰ってこなくなっちゃったりすると、ほんとうにもう困ってしまう。

　さっきダンナとの「距離感」の話をしましたけど、新しい要素が入ると、人間関係ってぜんぶ変わっていくじゃないですか。たとえば、いまはダンナがほとんど家にいて、子どもがふたりいて、わたしがほとんど家にいない、っていうところでうまく成り立っている。そこに今度は、ダンナが外に出て行くっていう要素が入ると、また距離が変わってきますよね。そうすると、またそこを調整していかなきゃいけない。

　それに、ダンナが外に出ていくとなると、彼はいろいろ気を配る人間ではなく、本能が赴くままに行ってしまう人なので、どこまで行ってしまうかわたしも計算ができない。極端なんです、中庸っていうのがない（笑）。ダンナ本人もそれをうすうす感じてるから、いまは「外に出て働く」って言わないんだと思うんですね。

　子どもがあるていど大きくなっちゃえば、また違うと思うんですけど。でもいまは、もう少し家にいてほしいかな。

（性別）逆転させると、イヤな夫ですよね（笑）。「おまえはシュフやってればいい！外に出て働くなんてもってのほか、外で働くのは俺だ！」みたいな（笑）。だから、ダンナに対しても「悪いな」って思うところはありますよ。

「わたしがダンナを囲っているところはあります」——こんな台詞をさらりと言える女性が存在することに、わたしはちょっとシビレてしまった。ひと昔前と比べ、いまは「シュフとして家にいてほしい」と言われたい女性が増えているようだが、いまのご時勢で実際にそれをパートナーに言えるというのは、女であれ男であれ、たいしたものではないだろうか。

「逆転させるとイヤな夫ですよね」と雅美さんは言うが、彼女の場合、ダンナさんが外で働きたがっているのを無理やり押さえつけているわけではないのだから、それとはやはり違うだろう。

ダンナに育児の覚悟を確認して子どもをつくった

上の子を2歳まで保育園に入れなかったのも、じつはわたしがイヤだったんです。わたしもどこか古い人間で、「結婚したら専業シュフになって、子育ては田舎でする」って決めてたんですよ。なにひとつ実現できなかったんですけど（笑）。

わたしは、子どもは3歳まで母親のもとで育てなきゃいけないっていう「3歳児神話」を、頭から信じてた人間なんですよ。いまもやっぱりそういう意識が残ってるから、子どもといっしょにいられないと、「悪いなぁ」と思う気持ちがあるんだと思うんですけどね。なので、乳幼児を保育園に預けるなんて、最初はとてもできなかった。

だから子どもをつくるにあたっては、ダンナに「あんたは育てることができるのか？」って問いただし、その覚悟を聞いてから「あなたがやるなら」っていって、子どもをつくったんです。なので、上の子が生まれたとき、うちのダンナは「この子は自分でみなきゃいけない」って思ってたと思うんですよね。

その後、上の子と2つ違いで、下の子が生まれたんです。それでさすがに、2歳と0歳の子どもを、うちのダンナがたったひとりで、ほかに話し相手もいないような状況で育てるのは、とても無理だろうなと思ったんで、それはあきらめました。これを機にふたりとも保育園に入れてみたんですが、入れたほうがよかった（笑）。

今回いろんな人に話を聞いて、女の人が自ら家事育児の役割意識に縛られている部分をよく感じたが、雅美さんはとくに、その気持ちが強いようだった。けれど、彼女の場合はその「3歳児神話」的な母親に対する縛りを、父親（ダンナさん）に適用、実践しているのがすごいし、面白いところだ。

シュフに戻りたい気持ちがないとはいえないけれど

役割を逆にしたいと思うこと、ですか？　それはやっぱり、まったく思わないとはいえないですね。わたしも気持ち的には、かなりきついので。子どもといっしょにパンをつくるとか、そういうのにも憧れがないわけじゃないですし。

家族4人の家計を支える重圧っていうのは、かなりのものですよ。子どもたちの教育費や自分たちの老後の生活費、それに狭いながらも家を買ったので、住宅ローンだってずっとありますしね。

3年くらいまえに、勤めていた会社がつぶれてフリーになったんですけど、そのときの危機感はすごかったですよ。でも、まわりにはあまり理解されないんです。一般家庭のご主人が失業したのと同じ「ピンチさ」なんですけど、それがやっぱり伝わらない。

そういうときも、自分ひとりなら「なんとか食っていけるか」って思えますけど、4人じゃねぇ。わずかな蓄えもみるみる減っていく。われながらよく乗り越えました（笑）。「ああ、わたしも半年だけシュフに戻りたいな」とか思うことはありますよ。でも「半年」が関の山（笑）。やっぱり仕事も好きでやめられないし、そんな都合のいいようにはできないので、いまの形しかないですよね。

Q ご家族のみなさんは、この状況をどうとらえている？

ダンナも子どもも、おそろしく自然体

うちのダンナは、もともとまわりを気にしない人なんで、対社会とか対世間とか、そんなにわたしみたいには気にしていないと思いますね。

このまえ、保育園の飲み会に家族で参加したときに、「いいじゃん、明日休みだから飲もうよ！」って言ったら、隣でうちのダンナが「シュフに休みはないから（キッパリ）」って（笑）。「もう、ややこしくなるから黙っといて！」って思うんですけど（笑）。

そんなふうに、ただ「俺シュフだもん。だってぜんぶやってるもん」みたいな感じです。だからある意味、おそろしく自然体だと思いますよ（笑）。

たまにいっしょにスーパーに行くと、「またお子さん連れてきてよ」とか、「おっ、今日は家族連れですね」とか、ダンナが言われてます。だからふだんも、お店の顔見知りの人に、「あ、どうもー」って、ふつうに挨拶してるんだと思うんですよ。

子どもらも、自然にとらえているんじゃないですかね。とくに上の子は天然で、小学生になっても、父親が掃除機を持った絵とか、なんの疑問もなく描いてしまう（笑）。

そういえばこのまえ、下の子がおねえちゃんに、なんか力説してたんですよ。「あのね、みんなのうちはね、働いてるのお父さんなんだよ！」って。そしたら上の子が「え？だって、うちのお父さんだって働いてんじゃん」「違うよ、外に行くのがお父さんなんだって！」「ふーん」って上の子が言って、会話終わり（笑）。だから、上の子もぜんぜんわかってないわけじゃないと思うんですけど。

だからいまのところまだ、問題はないですね。でも今後、彼女たちが中学生や高校生になったとき、この家族のあり方をどんなふうに飲みこんでいくのかっていうのは、不安でもあり、楽しみでもあります。

Q 夫婦の絆とか、結婚って、なんだと思いますか？

生きるという戦いのパートナーが必要だから

「夫婦の絆」っていったら、わたしはもう単純に「この人となら、力をあわせられるかな」っていうことです。

もしわたしがひとりで生きていける人だったら、べつにひとりでもよかったと思うんですけどね。わたし、そばに認めてくれる人がいないとダメなんですよ。わたしが「ここにいてもいいよ」とか「生きてていいよ」って認めてくれる人がいないと、がんばれない。生きるとか、生活するって、「戦い」じゃないですか？　その戦いのパートナーが必要だから。そういう点で、同じ思いをもってる人だったんでしょうね。

「生活が戦いだ」っていうふうに思っている人と、そうじゃない人といますよね。もちろんわたしたちも、毎日楽しくしようとは思ってるんですけど、そのためには戦わなきゃいけないっていう感覚があるんです。世間と折りあいをつけないと、どうしてもうまくやっていけないっていう感覚が。

わたしもダンナも、あんまり社会で上手にやっていけるタイプじゃないんです。それを「少々難アリ」って呼んでるんですけど（笑）。「少々難アリ」同士なので、「いっしょにやっていくには、この人しかいないだろう」みたいなところは、おたがいにあります。

ふつうというか、標準的な生活を、うまくできないんですよね。型があったときに、それを素直に受け入れられない。べつにわざとじゃないんですよ、一生懸命生きてるんですけど、無意識のうちにズレてる。「はれっ？　誰か教えてよ！」みたいな（笑）。

悪くいえば、変わりもん同士が傷をなめあってるのかもしれないですけれど、それでもいいじゃない、っていうかね（笑）。「おたがいを肯定しあえる」っていうのが、ほかのさまざまな問題点に目をつぶっても、いっしょにいる理由じゃないかと思うんです。

今後いろいろ状況が変わると、ふたりの距離感や関係も変わってくるので、絶対に一生いっしょにいられるかどうかは、わからないですけどね。運と努力次第だと思うんですけど。でも、離婚したら、再婚はしないと思います。そのくらい、受け入れてもらってる、っていうのはあるので。

雅美さんのいう「生きるという戦いのパートナー」というのは、〈つがい❺女×女婚〉の小野さんが「生きていくっていう大変なことを、味方になってやっていけるような関係」と表現したものと、とても近い。

経済面にせよ、精神面にせよ、ひとりよりもふたりで支えあったほうが生きやすいから、人はつがう。人間だけじゃなく、ほかの生き物がつがうのもみんな、生きていくための支えあいが必要だからだろう。

「結婚」とは、本来はそんなふうに、ただふたりの人間が支え合って生きることであったはずなのに、それがいつの間にか、入籍や挙式など、付随するもののほうがメインのようになってしまった。結婚本来の意味を、わたしたちは、忘れがちなように思う。

イライラしすぎるまえに、相手のすごいところを見つける

そんなふうに、おたがいに「少々難アリ」だから、「足りないところを補いあいながらやるしかないよね」みたいな暗黙の了解もあるのかな。

「補いあう」っていうのは、「相手のすごいところを見つける」っていうことだったりもしますよね。マイナスなんて、意識しなくてもいっぱい見つかるものだから（笑）。

たとえば、もしわたしがシュフをするんだったら、3食きちんとつくることはできないです。仕事を始めると途中で手を止めるのがいやになっちゃうし、子どもの食生活はけっこういい加減になってたと思うんです。いまはそれをダンナがやってるから、献立を一生懸命考えて、毎日買い物にいって、決まった時間にご飯をつくって、ということができている。それはシュフとしては、すごいことだと思うんですよ。

そのかわり、うちのダンナは「わが道を行く」っていう感じだから、まわりの人とバランスをとったりということは、あまりしない。だからそこはわたしが、まわりをキョロ

キョロ見ながら、うまくバランスをとる（笑）。仕事をとってくるにしても、頭を下げたりすることは、わたしのほうが得意かなと思うので、わたしがやる。そういうのは、べつに役割が逆転してることとは関係なくて、ものごとの質による、向き不向きですよね。

でもやっぱり、できないことを代わりにやってもらってる部分って、意識しないと見つからないですよね。日常ってやっぱり、自分がラクチンにしたいんで、意識しないと相手のイヤなとこばかり見えるんですよ（笑）。とくに忙しかったり疲れてたりすると、もうだめじゃないですか。なにもかも気に入らなくなりますよね。

だから、いつもいつも相手のいいところを見つけてニコニコしてる、っていうのは無理ですけど、行き過ぎないうちに、イライラや痛みが振り切れちゃうまえに、「ハッ、いかんいかん」って気づいて、より戻す。

Q これから夫婦をやる人へのアドバイスは？

たがいに「自立」していないと、破綻しちゃう

やっぱり、おたがいが自立してないとダメですよね。そう思いませんか？　自分の経験をもとにして思うんですけど、頼ろうと思うと、結局は破綻しちゃいますよ。相手は他人だし、思いどおりにいかないので。経済的な自立でも、精神的な自立でも、なんでもいいんですけど、やっぱり自立が必要なんです。

その自立っていうのは、「相手がいないと暮らせない」っていうのとは別のことでね。わたしもいまはもう、うちのダンナがいないと暮らせないんですけど、でもやっぱり、どっか自立してる、そういうのがあると思うんですよね。

とくに女の子はこれから、よりそういう要素が求められるんじゃないのかな。だからうちの娘たちも、なにをしてもいいけど、とにかくひとりで生きていけるようにはなってほしいと思います。

「自立」というと「自分でお金を稼ぐこと」ばかりがイメージされるが、いまシュフをしているダンナさんが自立していないかというと、そうではないだろう。いざとなればいつでも自分で稼ぐ気持ちと力を持っていること、そして相手を一方的に頼るのでなく「おたがいが支えあう」という意識をもっていること。それが雅美さんのいう、夫婦に必要な「自立」ではないだろうか。

「ふつうの結婚」だからこそ、努力が必要

わたしたちの場合、入籍もしているし、いっしょに暮らしているから、形としては「ふつう」ですよね。でも「ふつうの形」をとっているからこそ、日々意識していないと、熟年離婚とか、そういうことになっちゃうと思うんです。継続する努力が、やっぱり必要だと思うんですよ。

「結婚なんて、しょせん紙切れ1枚」ってよく言いますけど、入籍なんてほんとうに形式的なことで、それをしたからって、誰かがなにかを守ってくれるわけじゃないですよね。ようは、不幸にならない程度に暮らしていくためには、おたがいが努力しなきゃいけない。むしろ「ふつう」の形式をとっている人たちのほうが、そのことを忘れて、努力を怠ってしまいがちだと思うんですね。

そういう意味では、うちは役割が逆転しているのが功を奏している。生活のなかで、おたがいの役割や立ち位置を考えるきっかけが、いつも転がってるわけじゃないですか。「あれっ？　ここはいま、わたしが出ていくべき？」と感じたり、世間のやり方にちょっとした違和感があったりするときに、考える。そういうきっかけがあるっていうのは、運がいいかなって思います。

そもそも、「ふつう」とか「大多数の」とか、わたしたち言ってますけど、ほんとうはそれぞれぜんぶ違うわけじゃないですか。それを、ひとまとめに「結婚」っていう形でくくってしまうと、自分と相手という、ふたりの関係を見いだすきっかけっていうのがないですよね。

枠に入っちゃってるぶん、そっちのほうがよっぽど難しいと思いますよ。

はじめ「主人」って
呼んでたのが
途中でダンナに
変わりましたね?

それはたぶん
途中からわたしが
本音モードに
なったんですよ（笑）

つがい❼村田奈緒さん

年の差婚

「ハードルがありすぎて、いちいちかまってられなかったんです」

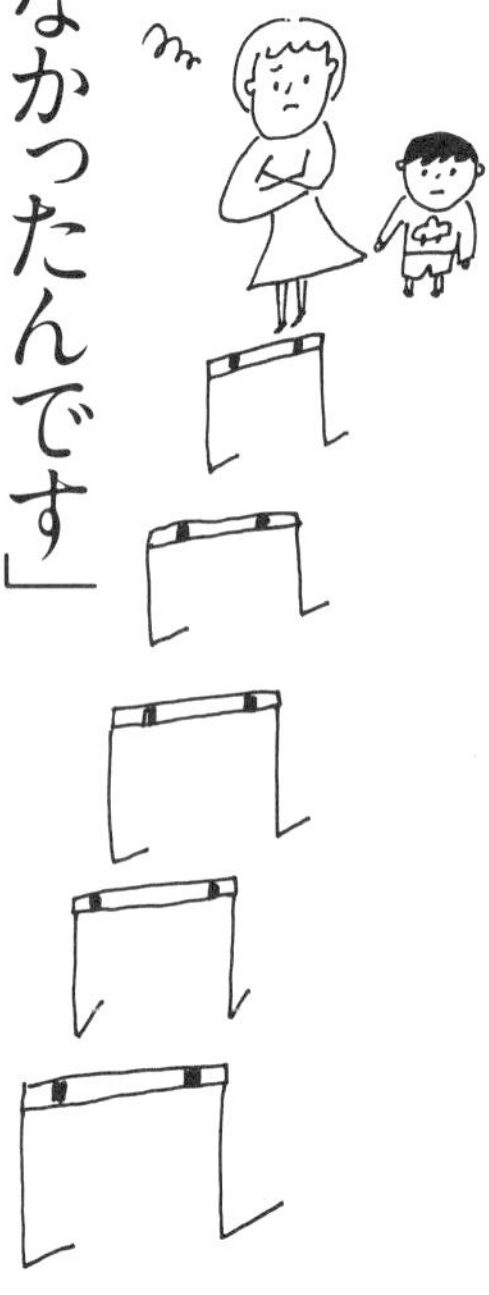

「男の人はみんないっしょです。最初の結婚相手は年上で、いまの夫は年下、それに息子を育ててますけど、その3人のなかでいちばんしっかりしてるのは、うちの息子ですから（笑）。だからほんとうに、年齢は関係ないなと思います」

11歳年下のダンナさんと子連れ再婚をした、村田奈緒さん（仮名・46）の言葉だ。約10年前に入籍&挙式をして以来、ダンナさんと、前夫とのあいだに生まれた息子と、3人で暮らしている。ダンナさんは自分で会社を営んでおり、奈緒さんはその会社の取締役の立場でもある。

話を聞かせてもらったのは、奈緒さん夫婦の会社の近くにある、ファミリーレストランだった。夕方七時過ぎ、上質そうな黒いコートに身を包んだ奈緒さんが現れた。「美しい奥さん」という雰囲気だが、どこか迫力がある。

それにしても若く見える。ダンナさんが年下だから若々しいのか、あるいは彼女が若々しいから年下のダンナさんをひきよせたのか？　そんなことも頭をよぎった。

まずは、ここにいたるまでの話を、前回の結婚からさかのぼって聞かせてもらった。

手術後の彼女への、前夫の暴言

最初に結婚したのはいまから24年前。奈緒さんが22歳のときだった。夫が荒れはじめたのは、結婚から7年ほど経ったころだったという。

「仕事でうまくいかないことを、まわりのせいにするようになってきたんです。すごく真面目な人だったので、自分はずっとコツコツやってきたのに、要領のいい人がうまくいくことへの不満とかが、ワーッと噴出しちゃったみたい。しまいには学生時代にうまくいかなかったことまで、わたしや息子のせいにしてました（苦笑）」

それでもすぐには離婚を考えず、そのまま我慢して暮らしていたという奈緒さん。はっきりと離婚を決意したのは、ある出来事がきっかけだった。彼女は31歳のとき、病気のため子宮摘出の手術を受けたのだが、退院後まもないある日、夫が暴言を吐いたのだ。

「いっしょに大河ドラマの『秀吉』を観ていたんです。（秀吉の妻の）おねが流産をして子どもが産めない体になったとき、側室に子どもができたんですね。それを、おねはものすごく悔しがって、ものを壊したりしていたんですが、彼はそのシーンを見て『子どもを産めない女に、こんなことする権利あるのかね？』って言ったんです」

奈緒さん自身が子どもを産めなくなったばかりのときに、なんという心ない発言だろうか。「これはあんまりだ」と思い、奈緒さんは謝罪を要求したが、彼は「なんで怒っているのかわからない」と言い、まったく謝ろうとしない。

「この人いらない」。彼女にはもう、迷いはなかった。

ほどなく奈緒さんはアルバイトを始め、夜はパソコンスクールに通いはじめる。結婚してからずっと専業シュフをしていたので、離婚後に備えて就職スキルを身につけようと考えたのだ。じっくりと準備を整え、それから彼女は離婚に踏みきったのだった。

今回はたまたま年下だっただけ

奈緒さんがいまのダンナさんと最初に知りあったのは、彼女が夫に見切りをつけた、その翌年のことだ。彼女が32歳、彼は20歳のときだった。

ふたりを結んだのはパソコン通信（インターネットの前身）だった。息子がやっているゲームについて、奈緒さんが掲示板で質問したところ、返信をくれたうちのひとりが彼だったのだ。やりとりを重ねるうちに、ふたりの心はだんだんと近づいていった。

彼が11歳年下であることは、奈緒さんにとっては「たまたま」だったという。

「わたしは小さいときから、同世代か年上の人がかっこいいと思うタイプだったんです。でも今回は、好きになった人がたまたま年下だっただけ。べつに彼が年上だろうと年下だろうと、年齢は関係なかったんですよね」

ただし、ふたりの関係において、年の差がプラスに作用することもあるようだ。

「たとえば、彼も車の運転はできるんですけど、わたしといっしょのときは、やらないんですよ。いつも助手席に座って、シートベルトを締める（笑）。べつに彼は、わたしが年上だからそうしてるんじゃなくて、たぶん相手が誰でも同じなんでしょうけどね。でも、こっちは『まあ、年下だからいいか』って思うところはあります」

彼に期待することをやってもらえなくても、「年下だから」と思えば腹が立たないというのだ。それはたしかに、年の差があるメリットかもしれない。

産めないおかげで、悩みがひとつ減った

ふたりが入籍したのは、パソコン通信での出会いから4年後のことだった。

当時ふたりには、さまざまな障壁があったという。奈緒さんが子どもを産めなくなっていたこともそのひとつだが、彼女はこのことを「かえってよかった」と感じているそうだ。

「もし子どもが産めていたら『彼とのあいだに子どもを産まなきゃいけないんじゃないか？』って悩んでたと思うんです。もし産むなら、仕事をやめなきゃいけないかとか、息子と新しく生まれる子どもの関係とか、出産年齢のリミットとか、いろんなことを考えてたでしょうから。だからわたしとしては、『産めない』ってことは『悩みが1個減った』ってこととして、とらえているんです」

たしかに子連れ結婚の場合、さらに子どもをもつかどうかというのはナーバスな問題だ。セメントベビー（再婚家庭に生まれる赤ちゃん）の誕生は、家族の結束を強くする場合もあるが、逆に家族関係に亀裂を生じさせることもないわけではないからだ。産む選択肢があったなら、彼女も悩んでいたことだろう。

また彼女は、もし彼とのあいだに子どもをもてていたら、それがケンカのタネになっただろうとも想像する。

「彼は、ほんとうに家のことをしない人なんですよ。だから、もしふたりのあいだに子どもができていたら『わたしは育児のために仕事をセーブしてるのに』と思って、きっとケンカしたと思うんですね。でもいまは、彼が息子の面倒をみないのも『まあ、わたしの子どもだからしょうがない』って思う。それでうまくいってたんじゃないかなぁ」

そういう可能性は考えられる。とくに奈緒さんくらいの年代では、共稼ぎの夫婦でも、家事育児の負担は妻ばかりが負いがちで、不公平感が生まれやすい。そこを回避できたのはラッキーだったといえるかもしれない。

「ほんとうの親子って、なに?」

一方で、ダンナさんと息子の関係は、とてもうまくいっているようだ。

「彼はステップファザー（継父）なんですけど、おたがい、そこはあまり気にしてないいんじゃないかな」

奈緒さんはダンナさんと再婚（入籍）した際に、彼と息子の養子縁組を行っているが、これは息子さん自身が希望したことだったという。

彼も息子を大切にしており、数年前に家を建てたときも「将来、息子に譲ることばかり考えていた」という。さらに「会社の株も、知らないあいだに少しずつ息子に譲っていた」ため、いつのまにか息子が筆頭株主になっていたそうだ。

　結婚後まもないころには、こんなエピソードもあった。

「家の近くで、当時小学生だった息子と、彼が遊んでたんですね。うちは年齢差があるんで、実のお父さんじゃないってすぐわかるじゃないですか。それでご近所のおばちゃんが『ほんとうの親子じゃないのに、仲いいわね』って言ったんですよ。そうしたら、ふだん感情を表に出さない息子が、泣いて怒って、おばちゃんに抗議をしたんです。

『ほんとってなに？　血がつながってないと、ほんとじゃないの？　自分のことを考えてくれて、いっしょに遊んでくれて、怒ってくれて、それはもうほんとうのお父さんでしょ？　ぼくにはほんとうのお父さんがふたりいる。ふたりともほんとうのお父さんだ。これがほんとじゃないなら、ほんとの意味がわからない』って」

変えられないことで悩んでもしかたがない

　このように、さまざまな障壁を乗り越えてきた奈緒さん夫婦だが、彼女はそれを「悩みが多すぎたからこそ可能だった」という。

「わたしたちの場合、彼が11歳も年下だし、彼は初婚でわたしは再婚だし、わたしには大きな子どもがいて、さらに病気をして子どもを産めない身体になっていて、しかもつきあってたころは遠距離恋愛だったんです。あまりにもいっぱいハードルがありすぎて、一個一個かまっていられなかったんですよ（笑）。でも、もし悩みがひとつしかなかったら、そこに集中して、悩みが大きくなっちゃってたんじゃないかな」

ものは考えようだ。実際は、それだけハードルがあると、あきらめてしまう人も少なくないだろう。「悩みが多かったおかげ」もあるのかもしれないが、なによりも彼女が前向きだったおかげで、ここまでやってこられたのではないか。

「もちろんわたしだって、たくさん悩んだし、たくさん泣きました。でも、もう涙が出なくなるくらいまで泣いて、そのうえで『変えられないことは受け入れるか、切り捨てるしかない』って決断したんです。女は開き直ると強いですからね。

年齢差とか、子どもがいるとか、バツイチとか、子どもが産めないっていうのは、どうしたって変えられないこと。だから悩んだってしかたない。やらなきゃいけないことはほかにたくさんあるんだから、そこに時間を費やしている暇はないですよ」

さらにもうひとつ、奈緒さん夫婦の強さには秘訣があるようだ。

「わたしたちは『3人が家族になる』っていうこと以外、なににも固執してないんです。『絶対こうじゃなきゃいけない』っていうのは、あまり思ってないですね」

目標がシンプルではっきりしていること。型にとらわれることなく夫婦をやっていくために、もっとも大切なことは、これかもしれない。

役割分担は適材適所

＊つがい❼年の差婚の村田さん（46）。
「夫は仕事だけです、家事をやるのは5％くらい（笑）。残りの95％を、大学生の息子とわたしが半分くらいずつやってます。わたしたちは、なにに関しても固執してないから、家事も適材適所でいい。できない人に無理にやらせるよりは、自分がやって、そのぶん自分で自分にご褒美を買うほうがいい（笑）。自分もやりたくないときは、やらなくてすみますしね」

＊事実婚5年目のSさん（40）。おもな稼ぎ手はSさんで、ダンナさんには、じつはかなりの借金があるという。
「（彼の借金は）もうしかたないですからね。あるとき『わたしが自分でちゃんと考えて、誰にも左右されない人生を歩まなきゃいけない』って思ったんです。そのわたしの人生に、彼がついてくる。そういうポジションで考えれば、彼はぴったりだなと思ったの。

　わたしはよく彼のことを『魂年齢が高い男』ってほめてるんです。たとえば、そんな借金大王なのに、外国の恵まれない子どもたちにお金を送ったりしてる。もしわたしがちゃんとした奥さんだったら、『そんなことより、5千円でも1万円でも家に入れなさいよ！』って言いたくなると思うんですけどね（笑）」

つがい❽山本由布子さん

お見合い婿入り婚

「相手に条件つけるんやったら、恋愛結婚にこだわらんでも」

わたしはどうしても、結婚というものは、自分が好きになった人とするものだと思っているところがある。恋愛のゴールが結婚、と考えているのだ。

だが、これも結婚に関する「思い込み」のひとつなのだろう。もし「結婚することそのもの」を目的として相手を探すのであれば、かならずしも恋愛を経なくてもよいわけで、条件を優先した「お見合い結婚」のほうが、効率はよい。

山本由布子さん（仮名・46）も、お見合いで結婚したひとりだ。彼女が結婚したのはいまから16年前。香川県の瀬戸内海寄りの町に暮らし、中学生から幼稚園生まで、4人の男の子を育てている。

彼女とはツイッターをとおして知りあったのだが、ツイートからは、育児で日々忙しい

様子がうかがえる。そこで、できるだけ彼女の家の近くで話を聞かせてもらうことにした。

由布子さんが指定してくれた取材場所は、観音寺駅から車で15分ほど離れたところにある、かわいらしい喫茶店だった。周囲には田畑と住宅が入り混じり、のんびりとした風景が広がっている。東京から寝台特急で向かったため、店に着いたのはまだ朝の9時前だったが、すでに3、4人の女性客が珈琲を飲んでくつろいでいた。

約束の時間に現れた由布子さんは、きゃしゃな体つきの、控えめな雰囲気の女性だった。この辺りの人の多くがそうであるように、由布子さんの口調は、とてもゆったりとしている。彼女の結婚について、さっそく話を聞かせてもらった。

戸籍筆頭者は夫だけど、住まい方は「婿入り」

子どものころの由布子さんは、結婚願望があまりなかったそうである。

「若いときは、結婚して家庭をもってる自分ってあんまり想像できなくて、『このままずっとひとりで過ごすんかなぁ』と思ってたんです」

そんな由布子さんが結婚することになったのは、彼女が「跡継ぎ」の立場にあったためだ。父親は長男で、由布子さんはその長女だったため、婿をとることを望まれた。由布子さんのきょうだいにも、いとこにも、男性がひとりもいなかったのだ。

家長であった祖父が亡くなるとまもなく、由布子さんは生まれ育った大阪を離れ、現在の家で祖母と同居を始める。するとすぐに、祖母が見合いの話をもってきた。

「お見合いするだけやったら、まあええかって思ったんです。せっかく祖母が一生懸命用意してくれたのを、ただ突っぱねるのも悪いし。まあ、したところで断られることもあるし、こっちから断ってもええし」

かなり消極的にお見合いにのぞんだ由布子さんだったが、結婚が決まったのは早かった。ふたり目のお見合い相手と、おたがいすぐに、通じあうものを感じたのだ。

「結婚するって決めたんは、最初に会って半月もしないうちでした。即決です（笑）。見合いってもともと、結婚前提の顔あわせだから、決まったらものすごく早い。会場の問題で、実際に結婚したんは半年後でしたけどね」

ただしダンナさんは、彼女の祖母の家に住むのはいいが、苗字は変えたくないという希望だった。そこで戸籍はダンナさんを筆頭者として、彼女が苗字を変えたそうだ。

「うちの祖母や両親としては、できればうちの姓になってほしかったんやと思うんですけどね。でもいちばんは、祖母といっしょに住めるんが条件やったんです。これでも形式的には、いちおう『婿入り』という形なんです」

名前を継がないのに「婿入り」というのだろうか？　疑問に思って辞書で調べてみたところ「婿入り＝結婚して妻の家の一員となること」とある（デジタル大辞泉）。なるほど、どうやら、夫が戸籍の筆頭者で「婿入り」と呼んでも差しつかえないようだ。

おそらく由布子さんの祖母や両親も、苗字や戸籍といった形式的なことよりも、実際にあるお墓や家・土地を引き継げることのほうがだいじだったのだろう。戸籍上は「嫁入り」だったかもしれないが、由布子さんは、ぶじ「婿をとった」のだった。

おたがいに感謝してるから

いまの結婚生活は、由布子さんにとって、すこぶる心地よいものであるようだ。

「（主人は）いっしょにいてとにかく安心できるんです。すごく頼りがいがある」

結婚して16年経つ妻の言葉とはちょっと思えないが、無理をして言っているわけではなさそうだ。由布子さんはダンナさんの話をするとき、とても照れくさそうに、目を伏せて笑いながら話す。こちらが戸惑うほど、ダンナさんに「ラブラブ」の様子だ。

「子どもができてからのほうが、（主人に対する）ありがたみが増してますね。主人は五人きょうだいの末っ子なんですが、実家にいるときから、おいっこやめいっこの世話をしてたので、赤ん坊や子どもの扱いは慣れてるんです。なにも言わなくても、いつも自分から子どもの面倒をみてくれます」

うらやましい話である。世の中には、子どもが生まれると関係が悪くなる夫婦も多いものだが、なかには由布子さん夫婦のように、いっそう仲がよくなるケースもある。明暗を分けるのは「子どもが乳幼児のときに、夫が育児にどうかかわるか」だといわれる（渥美由喜『イクメンでいこう』）。由布子さんのダンナさんもおそらく、4人の息子たちを育てるあいだに、みごとなイクメンっぷりを発揮して、妻の愛を増幅させたのだろう。

それにしても由布子さんの話を聞いていると、どうしてそこまでダンナさんのことを好きでいられるのか、不思議にさえなってくる。彼女自身は、なぜだと思うのだろうか？

「もちろんおたがい他人同士だし、ぜんぜん不満がないっていったらたぶん嘘になると思うんですけど、感謝の度合いのほうがずっと大きいですね。おたがいに慣れ合って『やってもらって当たりまえ』ってなってしまうと、どうしても不満が出てくると思うんですよ。やってもらえなかったときに、イライラするから。

あとは、うちの場合、主人が『感謝してる』って口に出して言ってくれるんです。ときどきですけどね。『ついてきてくれて、ほんとに感謝してる』っていうふうに言ってくれるから。それが、だいぶ大きいですね」

ほかの人の話を聞いていても感じたことだが、感謝の気持ちを伝え合っている夫婦は、仲がよい。一方が相手に感謝を伝えれば、自然と他方も感謝を口する。感謝が感謝を呼んで、関係がますますよくなっていくのだろう。

あとはもしかしたら、由布子さんの側にはもともと「ダンナさんに婿に入ってもらった」という感謝があり、ダンナさんのほうにも「（婿入りなのに）彼女に名前を変えてもらった」という感謝があることも、影響しているのかもしれない。

見合いは「条件→相性」の順だから話が早い

それにしても、これほど満足できる結婚相手に、たった2回のお見合いでめぐりあえたというのは、やはりすごいことだ。由布子さんが幸運だったことも間違いないが、「お見合い」というシステムの利点も大きかったのだろう。

由布子さんは、お見合い結婚の特長を、こんなふうにとらえているという。

「お見合い結婚も、恋愛結婚も、『きっかけが違うだけ』とは思うんですけど。ただ、見合いは最初に条件ありきだから、『婚活』という意味ではスムーズですよね。最初の時点で、相手の両親のこととか、家庭環境はわかってるんで、あとはおたがいの相性が合うかどうかだけ。

恋愛の場合、話の進みが逆ですよね。相性が合ってから、相手の家庭環境を知る。おたがい白紙の状態からおつきあいするから、相手のことを知るまでに時間がかかる。それに、おたがいの相性が合ったからといって（条件によっては）結婚できるとは限らないですよね。そこらへんが大きな違いなのかな」

「恋愛」と「条件」の両方を求めるのは欲張り？

いま結婚相手を探している、いわゆる「婚活」中の女性たちに、由布子さんはこんな疑問を感じているという。

「結婚に〝条件〟をつけるんは、問題ではないと思うんです。ただ、条件つけるんやったら、〝恋愛〟にこだわらんでもええんじゃないかな、っていうのは思いますよね。条件だけで結婚したらええんじゃないか。恋愛といいつつ、条件から恋人を探すっていうんやったら、『それは恋愛じゃないだろう』って思う（笑）。

〝恋愛〟と〝条件〟を両方求めるっていうのは、そんなにうまいことといくんかなっていうのもありますし、あとは、どちらも中途半端になるんじゃないかなぁ、っていうんは思いますね。それは『あぶはち取らず』というか、欲張りのような気がする（笑）」

言われてみると、そうかもしれない。「恋愛」と「条件」のうちどちらかひとつだけ選ぶというのは難しい気がするが、それにしても、条件を高くふりかざしながら恋愛結婚を求めるのというのは、やはり無理があるだろう。

取材後、由布子さんが口にした「欲張り」という言葉が、胸に残った。わたしにも欲張りなところがあるからだろう。逆に、由布子さんはどうしてそんなにも無欲でいられるのか、教えてもらえばよかったと思った。

由布子さんが結婚以来ずっとダンナさんに感謝を忘れず、ラブラブでいられるのも、彼女が欲張りじゃないからかもしれない。わたしは、そんなふうにいられるだろうか？

幸せって？

＊つがい❾浮気容認婚のうえみさん（35）。

「自分で決められることってほとんどないけど、唯一自分が決められることって、自分の幸せなんですよね。

　自分がいま幸せだと思えば、どこの誰にどう言われようが、幸せ。自分が不幸だと思えば、どんなにお金があり余っていても、どんなにいいダンナさんがいても、不幸。それはもう自分で決めちゃっていいことだから、わたしはいま、ほかの人にどういうふうに思われようが、あるがまんまです」

＊事実婚5年目のSさん（40）。

「みんな、なにかしら抱えてるじゃないですか。ひょっとしたらわたしだって、外から見たら、新しいマンションに住んでて、犬が2匹いて、それこそ楽しくやってるって思うだろうけど、具体的に見たら彼は、『あんたどうすんの、この借金』って話で（笑）。

　やっぱり、そんなにハッピーなことばかりじゃないですよね。それはそれで、受け入れるっていうか」

夫婦とか結婚って、なんでしょう？

＊事実婚5年目のSさん（40）。

「夫婦ってやっぱり、いっしょに暮らすこと。いっしょにご飯を食べたり、いっしょの布団で寝たりって、すごい重要な気がするんですよ。セックスレスでもね」

＊つがい❸おめでた事実婚の祝さん（47）。

「夫婦って奇跡、と思いますよ。ありえないもん。（離婚や再婚でなく）ひとりの人とずっと（夫婦でいる）って、うらやましいし、すごいなーって思いますよ」

　どうも、自分たちを夫婦とは思っていない口ぶりであった。

＊つがい❼年の差婚の村田さん（46）。

「結婚って、昔は『好きな人とずーっといっしょにいること』だと思ってました。けどいまは『おたがいに我慢して、おたがいに受け入れること』だと思う。我慢して受け入れる、というより、我慢は我慢、受け入れるは受け入れる、という感じです」

＊つがい❽お見合い婿入り婚の山本さん（46）。

「自分にとっての結婚やったら、『安心できる居場所をつくること』ですね。なんていうか、帰る家があるいうんは、行動しやすいっていうかね。安心できる場所があったら、休んでまた活動ができる。またがんばれる。そういうんはありますよね」

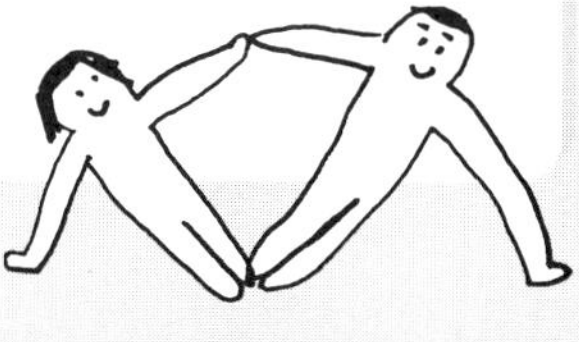

つがい❾うえみあゆみさん

浮気容認婚

「セックスきっかけで別れるなんて、ちっちゃくね？」

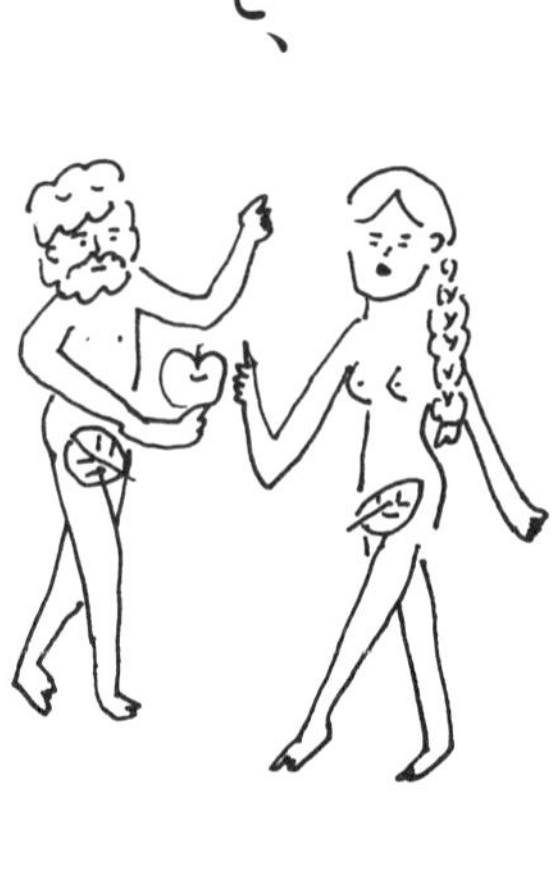

一見「ふつうの」夫婦である。彼女はダンナさんと入籍しているし、同居もしている。小学生の子どもがふたりいて、夏休みにはみんなで旅行に出かけたりもする。どこにでもいそうな家族だ。

けれど話を聞けば、誰もが「えっ」と驚くだろう。「そんな結婚がアリなのか？」と。漫画家・うえみあゆみさん（35）。ダンナさんの浮気が発覚し、一時は離婚を決意したものの、その後新たな夫婦関係を築きあげ、結婚を続ける選択をした。その経緯は、彼女のコミックエッセイ『カマかけたらクロでした』（メディアファクトリー）に詳しい。

しかも、その後もダンナさんの浮気は続いているという。

なぜうえみさんは、そんなダンナさんとの結婚を続けているのだろうか？

女性が離婚できない理由として昔からよく聞くのは、「経済的な事情（離婚すると生活できない）」だが、うえみさんの場合「それはない」という。彼女にも稼ぎはあるし、実家も都内にある。子連れで離婚したとしても、どうにもならないわけではないだろう。だったらなぜ、離婚しないのか？　わたしが彼女のような状況におかれたら、おそらくとっくの昔に離婚していると思うのだが、それをしない、あるいは、それをせずにいられるというのは、どういうことなのか。それを、聞いてみたいと思った。

家族の気持ちを尊重して離婚を回避

はじめに『カマかけたらクロでした』に描かれている、彼女のダンナさんの、最初の浮気騒動について、大まかに説明しておきたい。

＊＊＊

数年前、うえみさんが2人目の子どもを妊娠していたときのこと。夫は毎日仕事が忙しく、めったに家に帰らない。そんなある日、彼女は夫の浮気に勘づいてしまう。証拠とネタ（嘘）を織り交ぜつつ、彼女は次々と夫に「カマ」をかけ、そして夫はついに浮気を認める。「クロ」だった。

それからは修羅場となった。大きなケンカを繰り返したすえ、うえみさんは長女を連れて別居に踏みきる。夫との話しあいはまとまらず、離婚調停をはじめるが、これにも時間がかかった。彼女は離婚を望んでいたのに対し、夫は復縁を強く望んでいたのだ。

調停の一方で、彼女は子どもたちを離れて暮らす父親（夫）に会わせなければならなかった。いわゆる「面会交流」というやつだ。彼女にとっては気の重いイベントだったが、面会をはじめると、娘は目に見えて落ち着きを取り戻す。それはショックながらも、動かしようのない事実だった。

だが、うえみさん自身も、面会時に直接夫と言葉を交わすうちに、彼に対して新しい感情を抱くようになる。夫というより「昔なじみの理解者」としての人間が、そこに現れたのだ。ふたりのあいだに「友情」のような感覚が芽生えはじめる。

調停では最終的に、当初の希望どおり、彼女が親権をもつかたちで離婚が認められた。けれど、うえみさんはこのとき、ふと気づく。彼に対する激しい怒りの感情が、もう残っていないことに――。彼女は、離婚することをやめたのだった。

＊＊＊

このとき、うえみさんが離婚を選ばなかった理由を考えると、おもに以下のふたつにな

●うえみあゆみ『カマかけたらクロでした』（メディアファクトリー）より

るだろうか。

ひとつは先にも書いたように、別居中に子どもたちをとおしてダンナさんとかかわるなかで、これまでとは違う、新たな夫婦関係が築かれたこと。

そしてもうひとつは、彼女が、子どもたちやダンナさんの気持ちを尊重したことだ。子どもたちは父親のことが大好きで、またダンナさんも、子どもたちのことを大切にしていた。また浮気はしたものの、妻であるうえみさんのこともかけがえなく思っていた。その気持ちをトータルで受けとめて、彼女は結婚生活を続けることを選択したのだろう。

この本を、わたしはそんなふうに、理解した。

再度の浮気バレに「もういいや」とも思ったが……

と、ここまでの話は、いちおうわたしにも納得できたのだが——。その後も、ダンナさんの浮気が続いている、という話には、正直うなってしまった。

「『カマクロ』のあと、2年後にまた女つくったんですよ。2年しかもたないの。オリンピックみたいな人で、4年ごとにバレてんじゃゃねぇよ、みたいな（笑）」

オープンテラスのカフェで、うえみさんは静かに話しはじめた。いつもそうなのだが、彼女は言葉づかいが乱暴なわりに、口調はとても穏やかで、ダンナさんへの恨みを感じさせない。かといって、完全に許している、ということでもないようなのだが。

この浮気がわかった当初、うえみさんはそれを容認する姿勢だったという。だが、次第に彼の行動はエスカレートしていく。そのころ、ささいな出来事から夫婦ゲンカが起こり、ついに彼女の堪忍袋の尾が切れた。彼女はダンナさんを「三時間正座させて、説教して、翌日家から追い出した」そうだ。

「そのときは、さすがにわたしも『もういいや』って思ったりもしたんですよ。この人とこの先も人生をいっしょにやっていくっていうビジョンが見えなくて、『もしかしたらわたし、もうちょっといいパートナーを見つけられんじゃないかな?』って思ったんです。どこかで踏ん切りつけて離婚してもいいかなって、そのときは思ったんですけどね」

人からだいじなものを、せめて奪わない人生

だが、結局このときも、うえみさんは離婚を選ばなかった。それは、なぜだったのか?

ある夜、彼女は別居中の夫を家に上げる。電話で離婚を申し渡したところ、夫から「最後にどうしても会って話をしたい。子どもたちにも謝りたい」と懇願されたのだ。

「やつ（夫）が来たら、もう寝たはずの子どもたちが起きやがって、寝室から出てきたのね。その瞬間、いままで見たことないんだけど、あの人（夫）が号泣したの。『ごめんね』って言って、1時間くらい泣いてた。

そしたら子どもたちが、（別居中の父親宛に）書いてた手紙だの、夏にみんなで沖縄行ったときのおみやげだの持ってきて、なんか一生懸命、盛り立てんの。『大変だったねぇ』みたいな感じで。子どもたちにしてみりゃ、父親が泣く姿なんか見たことないからね。

その姿を見てたらねぇ、急に『ユニセフの写真』が、頭に浮かんじゃったんですよ。うちの実家によく、ユニセフの冊子が届いてたんですけど、そういうのに載ってる子どもの顔の写真が。エイズでお母さんを亡くしたとか、戦争中に目の前でお父さんが殺されてしまったとか、そういう子どもの、『人として奪われてはいけないものを奪われてしまった目』が、浮かんじゃったの。

それでね、そんなものはただでさえ世界中にいっぱいあるのに、『わたしなんかがこんなことで、そういう目の子どもをつくっていいのかな？』って思ったんですよ。そしたら、なんかね、『人からだいじなものを、せめて奪わない人生』ってあるなって思ったの。わたしが、わざわざここで、そんなことしないでいい、と思った」

子どもたちにとっての父親が、またダンナさんにとっての子どもたちが、どうしようもなく特別な存在であることを目の当たりにしたうえみさん。彼女はその関係を、自分の手で断ち切ることを、自分で許せなくなったのだった。

子どものためではなく、わたしのため

「あのね、『最期、ここにもってきさえすればいい』っていう、死に際のイメージがあるんです。わたし、おばあちゃんになりたいんですよ。子どもたちもかわいがったし、孫もかわいがった。それで最期はベッドに横たわって、子どもたちに『ママ、ありがとう』って言われて、わたしも子どもたちの手をとって、ふたりの名前を呼ぶの。それで『あのね、ママ、すごーく幸せだっ……（カクッ）』って死にたいの（笑）。

それで十分かなって思う。あとはもうほんと、なんにもいらない。だから、一時は離婚も考えたものの……。結局は、そういう死に際のイメージとかを考えると、『あ、べつにいいじゃん』って思える」

深い話だ。うえみさんの人生において、子どもたちとの関係は、ダンナさんとの関係と比べて断然大きなウエイトを占めているのだろう。

ただし、これは誤解されやすいところかもしれないが、うえみさんはけっして、子どもたちのために離婚を我慢しているわけではない。

「離婚しないのはもちろん、子どものことが大きいですけど、べつに子どものためと思ってやってるわけじゃない。あくまで自分のため。子どもはわたしという木の幹のなかに入っているイメージなので、子どもと自分を分けて考えることはできないんですよ」

つまり、彼女にとって「子どもの幸せ」は「自分の幸せ」とイコールでつながるものであり、相対するようなものではない、ということだろう。

それで別れるなら、セックスでしかつながってないってこと

うえみさんにとって、なによりも子どもたちがだいじなのは、よくわかった。

それにしても、ダンナさんが浮気をしているという、そのこと自体はどう考えているのだろうか？　結婚というのは、少なくとも建前上は、おたがいにほかの相手とセックスしないことを前提とした関係のはずだ。それをはっきりとくつがえされたまま結婚生活を続けることに、抵抗はないのだろうか。それを尋ねると、こんな答えが返ってきた。

「わたしは『ダンナや彼氏がほかの女とやってるから、もう離婚しましょう』とか言うの

を聞くと、『えっ!?　それだけなの？』って思っちゃうのね。

そんなに長くつきあってるのに、相手がほかでやっちゃいました、みたいなところで、結論が出ちゃうのか？　って思う。その人とつくり上げてきた歴史とか、時間とか、いろんなことをぜんぶトータルに考えたら、セックスきっかけで別れるなんて、ちっちゃくね？　それって、セックスでしかつながってないってことじゃん？　って」

それもたしかに正論だ。セックスなど、夫婦関係におけるほんの一要素に過ぎないのだから、そこだけで崩れてしまうような関係は、もろいのかもしれない。

とはいえ、やはりセックスというのは特殊なものだろう。夫婦関係のほかの要素と同列に語るのは、わたしはちょっと無理な気がするのだが……。

それにもうひとつ、彼女のなかに、不公平感はないのだろうか？　パートナーは外でセックスをしているのに、自分はしていないという状態は、わたしだったら公平ではないと感じるし、割り切れないと思う。

だがこれについても、うえみさんは問題にしない。

「恋で幸せを感じる人もいるし、わたしみたいに、子どものことや自分の仕事で幸せを感じる人もいますからね。それぞれじゃないですか？　でもわたしも、恋はいいものだと思ってますよ。だから夫のことは『いいな〜、うらやましい』って思うし、『わたしも彼氏ほし〜！』って思う。それ、ダンナにも言ってっからね（笑）」

うえみさん夫婦のように、セックスを共有せずに成り立っている夫婦も、世の中には意外と多く存在するのだろうか。

自分だったら可能か？　と考えると、正直いって無理な気がするのだが、本人同士がそれでいいというのであれば、もちろんそれもアリではある。

それでも――、うえみさんを見ていると、わたしはどうしても「もったいない」と思ってしまう。離婚すれば、絶対にもっといい相手が見つかるだろうに。彼女がほかの人とつがい直したって、ダンナさんと子どもたちの関係を壊さないことは可能だろうに。

それを言うと、彼女はいつも、軽く笑って「そうですかねぇ」などと答えるのだった。

浮気容認夫の言いぶん

＊結婚13年目になる関西在住のHさん(46)。妻の浮気に以前から気づいているが、「おたがいに浮気は自由」と考えている。

「相手のナニも認めたる。そんで自分のナニも、かげでやっててええことにしますねん。ほんでも夫婦はもともと気がおうて結婚したんやから、ふつうの会話はちゃんとできますやろ？　せやからそんなレベルで、年寄りになっても、ずーっとふたりで人生まわしていくんですわ。

その人生の途中の、おたがいのチョチョチョはええんです。『マディソン郡の橋』的な人生には大賛成です。ほんで、また帰ってきて家のなかをちゃんとしてくれたら、それでよしやと。

川の中を絶えず転がっていく石でありたいなぁと思うてます。そういう石っていうのは、波長が高い、元気な石ころやと思うんです。いろんな石や、沈んでる枯れ枝や丸太に当たりながらも、ポーンポーンと弾むように、みんな流れていく清流の中で、沈まず波長高く人生を突き進む。その心がだいじやと思うんです。

夫婦ふたり、じーっと人生の我慢くらべみたいになったらあかん。それはたとえて言うなら、川底に沈んだ石ですわ。そこは冷たい。なんにも変わらん。人生おもろない。そういう夫婦はたとえ天国行けても、明るい楽しい階層にはたどり着かんのちゃうかなぁ。

それよりも、そのときそのとき、おたがいにいちばん楽しいこととして生きていくのがいちばんええ人生でっしゃろ？　あとで歳いったとき、ケンカしてたの思い出すよりも、そういうおたがいの秘め事もって、クスクス一人笑いしてられるほうが、ハッピーやと思うんです」

セックスレスって、どうなのか

＊事実婚同居を解消したKさん（39）。最初のダンナさんと別れた原因のひとつは、セックスレスだったという。

「まえのダンナとは、４年ぐらいセックスレスだったんです。彼の実家の借金のゴタゴタが及んで、わたしがダブルワークで夜も働きに出るようになっちゃったんですね。いろいろ問題はあっても、そこで接点がもててれば、まだなんとなく乗り越えていけたのかもしれない。それもなくて、やっぱり気持ちが通いあわなくなってしまったんですよ。それでわたしも心が折れて、ある日『もう無理』となって、離婚しちゃった。

あとは仲良くなりすぎて、男女の意識が薄れてきて、そういう気持ちが起きなくなったところもありましたね。育児とか生活とか、同じ目標に向かっていく戦友みたいな人と、するか？　ってことじゃないですか。味方同士でやるのか、みたいな（笑）。

やっぱり攻略したいとか、〝敵〟みたいなところがないと、そういう性欲って起きないじゃないですか。男であり女でありとか、責めたいとか責められたいとか、どちらかがなんとかっていう、そういう関係が保てていないと、それは、なくなると思いますよ」

その後いっしょに暮らした彼とは、毎日セックスを欠かさなかったそうだ。同居解消後も「彼と会うときは、かならず」していたという。

そんなKさんは、自分を「アンチ・セックスレス派」だという。その主張を聞かせてもらった。

「『気持ちがつながりあってれば、セックスはいらない』って人もけっこういますけど、わたしはこれはアンチですね。

私は子どもといっしょで、抱き締められるのが好きな人なんです（笑）。よしよしって頭なでなでされたい、みたいな。それがあるだけで、頑張れたりする人なんです。それは会社とか、外では見せないところ。犬とかが、こうやってお腹を出しちゃうみたいな。猿の毛づくろいとか、親しい人にしかそれはしない、そういう状態がセックスだと思っている。

『相手が自分を、無条件で受け入れてくれる』っていう感覚ですかね。だからたとえば、相手のやり方が一方的だとか、したいタイミングや回数があわないとかって不満があると、『受け入れられてる』って感じがしないから、不満になると思う。そのタイミングや回数とかがあってるから、そのこと自体が、自分のすべてを受け入れてくれていると か、自分のことを思いやってくれてるっていう表れだと思えて、満足できる。

だから、それがないと辛いですよね。そういう世界をもっていないと、心のバランス的に、わたしが保てないかな、と思います。

セックスレスっていう人はみんな、たとえば手をつないだり、ハグをしたりとかで、満足なのかな？　私は満足じゃない。（犬が）お腹見せてない感じで、ちょっとストレス溜まっちゃう（笑）」

＊事実婚10年目のNさん（38）。

「唯一、セックスレスな状態っていうことさえなければ、われながらかなり幸せだと思うんです。けっこう長いですよ、４年とか。

その話をしようとしても、『そのうちね』って言われるだけだから、しょうがないすよね（笑）。でも、復活してほしいんですよ、ほんとうのことというと。それはじつは、わたしにとっては大きい」

　なお、この話を聞かせてもらってから約1年後、Nさんはこのときの彼と別れてしまった。現在は新しい恋人と暮らしている。

＊3年前に結婚したCさん（33）。
「うちもちょっと問題になってきてますよ。セックスレスになったら、浮気はしかたないんじゃないですか？　うちの場合はダンナが『浮気OK』と言ってるんで、わたしももしも相手がいたら、浮気しますよ。そんで、ダンナにもそのことを言います」

　その後、彼女はこの言葉どおりを実践。恋人ができ、ダンナさんとは離婚した。現在は恋人と同棲中。

＊事実婚5年目のSさん（40）。
「うち、ものすごいセックスレスです。子どもができないっていう時点で、なくなったかな。わたしもどっちかっていうと得意じゃない。一度『へたくそ』って言われた（笑）。

　あとね、飼い犬が見ていると『あーあ』って冷めちゃうのもある。でも、それ（セックスの有無）は、わたしにはどっちでもいいことかな」

つがい⑩奈良崎知子さん

「『じゃんけんで苗字きめる?』って聞いたら『いいよ』って」

じゃんけん妻氏婚

「結婚するとき、じゃんけんで女の人のほうの苗字にした友だちがいるよ」

そんな話を友人から聞いたのは、この本がだいぶ完成に近づいたころだった。もう原稿をまとめてしまいたかったけれど、この話だけは「聞かないわけにはいかない」と思った。「妻氏婚《つまうじこん》」の人に話を聞きたかったし、しかも「じゃんけん」で決めたというのは、なんとも面白そうだ。さっそく紹介してもらうことにした。

東京近郊に住む、奈良崎知子さん(33)。もともとはダンナさん(34)のブログのファンだったそうだ。つきあいはじめてすぐに結婚の話になり、それから1年足らずで入籍。その約半年後に、挙式した。ほどなく妊娠して、現在は育休中だという。赤ちゃんは生後9か月になったところだ。

取材のとき、ダンナさんもいっしょに来るかもしれない、と聞いていたのだが、待ちあわせ場所に現れたのは、奈良崎さんひとりだった。赤ちゃんが「ご機嫌ナナメ」だったので、ダンナさんが家で面倒をみることになったという。

ほっそりとした身体に、大きく、楽しそうな目。もらった名刺には、カラフルな色で、小鹿のイラストが添えてある。本人のイメージそのままだ。

奈良崎さんは、彼のことを「ダンナさん」と呼ぶ。ダンナさん本人と話すときは「猫くん」と呼ぶのが、最近のブームだそうだ。ダンナさんは奈良崎さんのことを「猫さん」と呼ぶのだという。やはりユニークな夫婦だ。

「田中知子」は、ちょっとしょぼいと思った

どうして、じゃけんで苗字を選ぶことになったのだろうか？　奈良崎さんの答えは端的だった。「相手が、田中だったから」だという。

「わたし、苗字が『奈良崎』っていうんですけど、あんまりいないんですよね。名前は『知子』って地味なんですけど、『奈良崎』がちょっと派手だから、ちょうどいい。

でも、ダンナさんの苗字は『田中』。『田中知子って……』って思ったんですよ（笑）。

それは、わたしのキャラじゃない。ダンナさんは『信太郎』だから『田中』でもいいですけど、『田中知子って、ちょっとしょぼくない？』って話になったんです（笑）」

つがい❸で紹介した、おめでた事実婚の祝さんも、まさに同じことを言っていた。名前が「明子」だから、「山田さん」や「佐藤さん」とは結婚できないと思っていたことを、申し訳なさそうに話してくれた。

祝さんの話を聞いたとき、「こんな人、ほかにはいないだろう」と思って爆笑したものだが、いや意外と、下の名前がシンプルなために、結婚相手の苗字で悩む女性は、世の中に多く存在するのだろうか。

「そしたらダンナさんが『ぼくが（苗字を）変えてもいいよ』って言ってくれたんです。苗字が変わると、銀行とか手続きにいかなきゃいけないですけど、そういうのも、『ぼくのほうが平日に休みをとりやすいから』って。あと、ダンナさんの仕事のほうが、外部との接触が少ないので、苗字を変えても影響しにくいっていうのもありました」

マーチャンダイザーとして忙しく働き、つねに社外の人たちと接する奈良崎さんにとって、そんな彼の申し出はありがたいものだった。とはいえ、「そんな理由で苗字を変えていいのか!?」とも思ったという。

「ダンナさんは『べつにぼく、自分の苗字にあまりこだわりないから』って言うんです。でもそれを言ったら、わたしだってそれほど苗字にこだわりがあるわけじゃないんですよね。『田中知子』っていうのが、ちょっとしょぼいだけで（笑）。

それでわたしが『じゃあ、じゃんけんにする？』って聞いたら、ダンナさんが『ああ、それでもいいよ』って（笑）」

実際にじゃんけんが行われたのは、11月22日「いい夫婦の日」。婚姻届を出しにいく、当日の朝だった。ツイキャスでライブ中継をしながらの、公開勝負だったという。

「わたし、ここぞというときのじゃんけんはだいたい負けるから、『まぁ田中だな』と思ってたんですけど、勝っちゃった（笑）。ダンナさんは負けちゃったけど、『これは勝負だから、ぼく今日から奈良崎です』って言ってました」

ちょうどAKB48の「じゃんけん選抜」が話題になっていた時期だったため、周囲の友人たちからは「旬だねぇ」と言われ、ウケがよかったそうだ。

義母の反応は「姓名判断を見たら、大丈夫よ」

ふたりにとっては納得ずくの妻氏婚だったが、世間ではまだやはり、女性が苗字を変えるケースが圧倒的に多い。平成23年人口動態統計によると、婚姻の際に妻の姓を名乗る比率は、全体のうちたった3％であり、残りの97％は夫の姓を選択している。

しかも奈良崎さんの場合、自分には弟がいて、ダンナさんはひとりっ子だった。名前を「継ぐ」ことを期待されるのは、「ふつう」ダンナさんのほうであり、奈良崎さんも、その点は気にかかったようだ。

「ダンナさんは『じゃんけんでもいいよ』って言ってくれたけど、『あなたがよくても、ご両親がどう思うかわかんないから、そこは確認しようね』って話して、それで彼が実家にメールしたんですよ。そしたらお母さんから『姓名判断を見たら、田中信太郎でも、奈良崎信太郎でも、そう運勢変わらないから大丈夫よ！』って返信が来たんです。『そこですか!?』って思いましたけどね（笑）」

つい爆笑してしまったが、でもそういえば、わたしも離婚するときはまず、子どもの苗字が変わった場合の姓名判断を確認したものだ。親として気になるのは理解できる。

それにしても、息子が苗字を変えることを、こんなふうにあっさり受け入れられる親は、まだまだ少ないのではないか。ダンナさんのお母さんは、もともと自分の考えをしっかりともっている人なのだろう。

さらに、彼のお父さんの反応も、期待を上回るものだった。

「ダンナさんが『奈良崎信太郎になります』って伝えたら、『（名前が）立派すぎないか!?』って言われたそうです（笑）」

一方、奈良崎さんのお父さんは、ダンナさんが奈良崎姓になることを「奈良崎が増える」というので喜んでいたそうだが、お母さんのほうは「なにそれ？　なにそれ？」と言って、最初はなかなか状況を受け入れられずにいたということだ。

「なぜ奥さんの苗字を？」と役所で聞かれ

こんなふうに、周囲や親には意外とすんなり受け入れられた、ふたりの「じゃんけん妻氏婚」だったが、「世間」はやはり驚いたようだ。

「婚姻届を市役所に出しにいったら、窓口の人に『婿養子ってことですか？』って聞かれたんですよ。『いや、そういうわけじゃないです』って言ったら、『でも、奥さんの苗字を名乗るんですね？　なにか理由があるんですか？』って。だから『いやべつに。わたしは〝ヨメに行く〟んですが、苗字はわたしの苗字なんです』って話したんです。

そしたら、戸籍でわたしの名前が先に来ちゃう（奈良崎さんが戸籍の筆頭者になる）けど、いいのか？　って聞いてきたので、『それ、なにか問題あるんですか？』って聞き返したら、とくに問題ないっていうんですね。『じゃあ、それでいいです』って言って出してきました（笑）。いろいろ言われるから、だんだん『受理されなかったらどうしよう！』って思っちゃいましたよね」

役所の人は、いったいなんの目的でそんなことを聞いてきたのか知らないが、余計なお世話である。妻氏婚がよほど珍しかったのだろうか。

ちなみに、「婿養子」というのは、妻の親と夫が養子縁組を行うことであり、夫が妻の姓を名乗る（＝妻が筆頭者の戸籍をつくる）だけでは、「婿養子」にはならない。養子縁組せずに、ただ妻の姓を名乗る場合は「婿取り」と呼ぶこともあるようだが、奈良崎さんには「婿取り」というつもりもなかった。ただ「妻の苗字を選んだ（妻を筆頭者にして戸籍をつくった）」という、それだけのことである。

会社の名刺やハンコが「田中」になっていた

勤務先では、こんなこともあったという。

「婚姻届を出したあと、会社に行ったら、わたしの名前が『田中知子』になってたんですよ。名刺もハンコもぜんぶ『田中知子』。総務の人に『あたし、田中になるなんて言ってないですよ?』って言いにいったら、『いや、でも結婚したらさぁ』って、笑顔で怒ってました(笑)。でもこっちだって、そんなこと言われても……」

もちろんその後、名刺もハンコも、もとの「奈良崎」に直してもらえたそうだが、面倒な話ではある。

さらに、ふだん顔をあわせない友人たちにも、誤解されることが多かったようだ。

「年賀状のシーズンとか、『新しい苗字教えろ』って、よくメールが来るんですよ。だから奈良崎だ、って言ってるのに(笑)。結婚通知も送ってるんですよ。ダンナさんの名前のところに、ちゃんと『(旧姓・田中)』ってつけてたんです」

おそらく、誰にも悪気はない。役所の人も、会社の総務も、友人たちも、「結婚したら男性の苗字を名乗る」ということを、ただ当然と思っているのだろう。

それはもはや無意識のレベルで、「太陽が東からのぼって西に沈む」というのと同じくらい自明のこととして、インプットされてしまっているのだ。

わたしが彼女の友人だったとしても、もしかしたら同じように「あれ、なんていう苗字になったんだっけ?」なんていうメールを、送ってしまったかもしれない。

こんなふうに、ほんとうはべつに当たりまえじゃないのに、当たりまえだと思い込んでいることが、わたしたちの生活のなかには、どれほどたくさんあるのだろうか。

思いのほか新しい姓を気に入っているダンナさん

なお、ダンナさんは苗字が変わったことを、驚くほどポジティブにとらえているようだ。

「わたしは、ダンナさんは苗字が変わっても、仕事は旧姓でいくのかなって思ってたんですけど、ぜんぶ『奈良崎』で直してもらったみたいなんですね。『田中』って呼ばれると、いちいち訂正しているらしいです（笑）。

このあいだも、『あの先輩だけ、まだぼくのこと〝田中〟って呼ぶんだよねぇ』って不満そうに言ってて、『今度〝田中〟って呼ばれたら振りむかないことにする』って。どんだけ奈良崎姓を気に入ってるんでしょう（笑）」

だが一方で、奈良崎さんは、こんなことを思うときもあるという。

「『奈良崎』って、画数が多いから、書くのがけっこうめんどくさいんですよね。それで、あとになってから『田中のほうがよかったかな？』って思ったこともあります。でも、言えない……（笑）」

笑ってしまったが、実際はこんなものだろう。

それにしても。もしこれが「ふつう」どおりに、妻が夫の姓に変わったという話だったら、べつに面白くもなんともないはずだ。それが逆さになって、夫が妻の苗字を名乗るというだけで、こんなにもエピソードが多くなる。そのこと自体、改めて考えると、ため息が出てしまう。

「結婚後の戸籍や姓は男性中心」とよく言われ、事実そうなっているのだが、実際は夫と妻どちらの姓を選んでもよく、妻を筆頭者とした戸籍をつくってもなにも問題はない。あるいは、もし妻も夫も姓を変えたくない場合は、事実婚を選択したっていい。それを、わたしたちがみずから夫の側の姓を選んで婚姻している、というだけなのだ。

いまの制度にも問題はあるだろうが、この状況で選べることさえほとんど選ばれていない現状には、疑問を感じる。

わたしたちは、どれだけ、勝手に縛られているのだろう？　かるがると枠を超えた奈良崎さんの話を聞いていて、そのことがくっきりと、心に残った。

相手をなんと呼んでいますか？

＊つがい❻役割逆転婚の森澤さん（40）。
「わたしね、本人に向かって『ダンナさん』って呼んでるんです（笑）。結婚するまでは苗字で呼んでました。結婚するとき『なんて呼んでほしい？』って聞いたら、『旦那様』って言ったんですよね。さすがに、それはどうかなぁと思って、ちょっと格を下げて『ダンナさん』にしてみた（笑）」

＊つがい❾浮気容認婚のうえみさん（35）。
「わたしは『○○くん』って。向こうは『アミ』って呼びます」

＊つがい❺女×女婚の小野さん（36）。
「わたしは相手の名前に『ちゃん』をつけて、相手はわたしを、呼び捨てです」

＊つがい❹子連れ初婚の竹本さん（40）。
「おたがい名前です」

＊つがい❶半別居婚のしばざきさん（40）。
「相方はわたしを名前で。でもめったに呼ばないですね、毎日ずっといっしょにいるし。私が相方を呼ぶときは『ちょっと』とか『あのさー』『おーい』とか（笑）」

＊事実婚5年目Sさん（40）。
「あだ名で呼んでます。彼は囚人番号『はのへ』です（笑）」

＊つがい❽お見合い婿入り婚の山本さん（46）。
「子どもがおったら、どうしても『お父さん』『お母さん』っていう呼び方になることが多いです。名前で呼びあってたら、下の子が真似するんで（苦笑）」

＊つがい❼年の差婚の村田さん（46）。
「彼はわたしを、あだ名で。わたしは彼を、仕事のときは『社長』って呼んでますが、あとは『ダーリン』。うちに来るとみんな、『ほんとうにダーリンって呼んでるんだ！』って驚きます（笑）」

＊つがい❸おめでた事実婚の祝さん（47）。
「最初はダンナのこと、名前で呼んでたんですよ。それがだんだん変形して、子どもが生まれてからは『うんちゃ』。ダンナは最近、わたしのこと『ママ』って言い出したんですよ。まぁそれは、わたしが中心だから言ってるのかなっていう感じで、べつにイヤじゃないです」

あとでダンナさんの名前を聞いたが、どう変型すれば「うんちゃ」になるのか、わたしにはちょっと想像がつかなかった。

＊つがい❿じゃんけん妻氏婚の奈良崎さん（33）。
「そのときによってブームがあって、いろんな呼び方になりません？　いまは『猫くん』。息子が生まれてからは『パパール』とか、あとはふつうに『しんくん』と呼ぶこともあります。ダンナさんはわたしを『猫さん』とか、『ママール』とか呼びます（笑）」

＊つがい❷別居婚の光本さん（22）。
「彼はわたしを『みっちゃん』、わたしは彼を『ろっちゃん』って呼んでます」

「左手薬指の指輪」してますか?

＊つがい❺女×女婚の小野さん(36)。
「式のときに交換したのを、してます。相手のイニシャルと、式の日付が刻印してある」

＊つがい❻役割逆転婚の森澤さん(40)。
「ダンナは金属アレルギーがひどくて、いまはしてません。ギター弾いたり、料理したりするときに、いちいち邪魔だとも言ってました。私は(左手の薬指に)してます」

＊つがい❾浮気容認婚のうえみさん(35)。
「指輪? してませんよ。式もしてないし、指輪もない。うちの姉も親も指輪してないし、まわりの友だちもほとんどしてないです。してる人、います?」

＊つがい❶半別居婚のしばざきさん(40)。
「指輪という単語が脳に浮かんだこともないです、ふたりとも。わたしはパートナーシップをモノに象徴させるのって、うす気味悪いなぁと思いますし、指輪自体が好きじゃないです〜」

＊つがい❹子連れ初婚の竹本さん(40)。
「指輪はあります。してないときもあるし、してるときもある」

＊つがい❽お見合い婿入り婚の山本さん(46)。
「指輪はねぇ、主人は仕事柄、機械とかいじるんで、できないんです。わたしは結婚指輪なくしたんですよ。3人目を出産してすぐくらいやったかな、指がやせて抜けて、なくなっちゃったんですよ。だから10年くらいずっとつけてないんです」

＊つがい❸おめでた事実婚の祝さん（47）。
「結婚指輪とかないもん。わたしもあげてないし。式もしてない。なんの契りも交わしてません」

＊つがい❼年の差婚の村田さん（46）。
「してます、自然に。おたがいに、なんのこだわりもないです」

＊つがい❿じゃんけん妻氏婚の奈良崎さん（33）。
「ふたりともふつうに、（左手の薬指に）してます」

＊事実婚10年目のNさん（38）。
「指輪はね、ないです、買ってもらってもいないし。わたしはもともと手に汗をかく人なので、あまり好きじゃないですし。それに、もし指輪をしたとしたら、それは誰に対しての誠実なんだろう？　っていう気持ちもある。うちの同居人にとっては、そんなこと（Nさんに自分というパートナーがいること）を他人に知ってもらっても（意味がない）って思うんじゃないかな。でも思うのかなぁ、考えたことなかったですね。難しいなぁ」

＊事実婚同居を解消したKさん（39）。
「指輪は、右手の人差し指と、左手の小指につけてます。わたし、左手の薬指の指輪とか、いらないもん。自分がしたいところにするだけ（笑）。いま身につけてるアクセサリーはすべて、彼からいただいたものですけど、それが絶対『ここじゃなきゃいけない』とかないじゃないですか？」

わたしが「薬指に指輪がないと、他人から

フリーと思われるのでは？」と問うと――。

「それは勝手に思えばいいんじゃない？（笑）自分が好きじゃなかったら、恋愛にならないんだからね」

それはたしかに……。

＊つがい❷別居婚の光本さん（22）。
「してないですよ」

＊事実婚5年目のSさん（40）。
「指輪はいっしょに買いに行きましたね。彼が就職したときに、買ってくれたのかな。彼は、けっこういつもしてます。このあいだも出かけるとき、『あ、忘れちゃった、取りにいってこようかな』とか言って。意外とこだわってる（笑）」

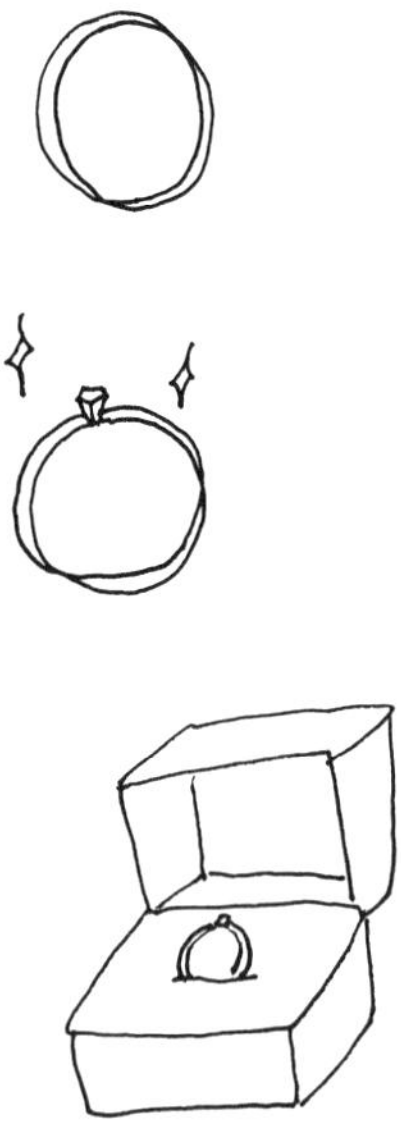

「結婚的なこと」をしたい気持ち

一般に「結婚」というと、入籍や式を挙げること、いっしょに住むこと、おそろいの指輪をすることなどをイメージする人が多い。それらは、どんな意味をもつのだろう？

ふつう「愛があるから」、そういったことをすると考えられている。でもほんとうは、むしろ「愛というものが不確かだから」、それが必要になるのかもしれない。

本来はべつに、なにもしなくたっていいのだ。ふたりの関係におたがいが確信をもって、ただつながっていければいいわけで、それは式や入籍、同居、指輪なしでも可能なことだ。

けれど、ふたりの関係というのは、目に見えない不確かなものだから、なにかしらの形にしたくなる。それが、式や同居、おそろいの指輪なのではないか。婚姻届を出すことや、相手とのあいだに子どもをもつことも、そんなふうに、ふたりの関係を形にする方法のバリエーションだとも考えられる。

〈つがい❺女×女婚〉の小野さんは、結婚式を挙げることで「すごく前に進めた気がした」と語っていた。日本ではまだ、同性カップルは法的な結婚をできないから、挙式はふたりの関係を目に見える形にする意味で、大きな役割を果たしたのだろう。

わたしにも、そういった「結婚的なこと」をしてみたい気持ちが、ないではない。

勝手に縛られているわたしたち——取材を終えて

この本の取材を始めてから、いまにいたるまで、ほんとうにたくさんの発見があった。

インタビューのあいだだけでなく、取材の録音を聞き返して文字に起こすあいだ、それを何度も読み返すあいだ、さらに文章にまとめるあいだに、わたしのなかにあった結婚への思い込みは、少しずつ崩れていった。

取材の録音では、わたしが「うんうん」と軽く聞き流していた話も、あとで原稿を読み返したら、じつは相手がものすごく深いことを言っていて、なのにわたしがぜんぜん理解していなかったことに、気づいたりもした。

語られた言葉を読み返すたび、いろんなものが見えてきた。

そういった、わたしのなかでの気づきは、ここまでの原稿のなかにも折り込んできたが、収めきれなかった部分もある。それをここで少し、書いておきたい。

女が家事育児の役割を抱え込んでいる部分

いちばん考えさせられたのは、女であるわたしたち自身が「自分が家事育児の役割をせねば」と思っている、という部分だった。「せねば」というより、「したい」と思っている人も、実際多い。

今回わたしが話を聞かせてもらったのは、（有償の）仕事をもっている女性がほとんどだったのだが、それでもやはり「自分がそれをしなければ」と思っている。パートナーも女性である小野さん（つがい❺女×女婚）や、一家の大黒柱である森澤さん（つがい❻役割逆転婚）にさえ、そういう気持ちが感じられた。

わたしが「役割分担はどうしてますか？」とたずねると、彼女たちは一瞬、答えるのに躊躇《ちゅうちょ》する。最初は「なんでだろう？」と思っていたのだが、話を聞いていくうちに、どうやらそれは「自分は家事育児を十分できていない」という、後ろめたさを感じているためだと気づいた。

常識や形にとらわれず、自由なつがい方を実践している人たちであっても、「女の役割」には、まだずいぶんと縛られている――。

そのことに気づいたとき、もどかしさが湧いた。

わたしが離婚した原因（の一部）も、まさに、そこにあったからだろう。この本の最初にも書いたとおり、わたしは勝手に「妻はこれをやらなければならない」と思い込み、自分を追い詰めてしまったところがあった。

もちろん世の中にはまだまだ、男が女に役割を押し付けている部分があるにせよ、でもじつは、女が自分から「女の役割」を抱え込んでいる部分も、かなり大きいんじゃないか。

そして、それをやめるのは、意外と簡単なことではないのかもしれない。

そのことは、わたしのなかで、ひとつのテーマとして残った。

「役割分担」そのものが悪いわけではなかった

また、〈つがい❻ 役割逆転婚〉の森澤さんの話では、「役割分担」や、「シュフ」という立場についても考えさせられた。

わたしはずっと「役割分担」を、それ自体が悪いことであるかのように思っていた。夫婦の一方がお金を稼いで、他方が家事育児をするという分担そのものが問題だと感じていたのだ。そして、家事育児を担う「シュフ」は、いくら働いてもお金がもらえない、かわいそうな存在だとも思っていた。

わたしの親は、団塊よりやや上の世代だ。父がお金を稼ぎ、母が専業シュフをするという、典型的なサラリーマン家庭にわたしは育った。そんな両親を見ながら、「お父さんはお金を稼いでいるから『偉い』（ことになってる）けど、お母さんはお金を稼いでいないから、いろいろ我慢しなければいけない」と感じていたのだ。

わたしと同年代か、それより上の女性では、夫婦の「役割分担」や「シュフ」について、そんなふうに感じて育ってきた人が多いんじゃないだろうか。当時はそういった考え方が、世の空気として、存在していたように思う。

けれど、一般とは役割を逆転している森澤さん夫婦は、どうだろうか。ダンナさんはシュフをしているけれど、べつに不公平ではない。とてもいい関係だ。家事育児も重要な仕事であることを、おたがいが理解したうえで役割を分担していれば、なにも問題はなかったのだ。

悪いのは役割分担そのものではなく、「役割が選べなかったこと」なのだろう。わたしの親の世代の女性には、結婚してシュフになるという選択肢以外、ないようなものだった。

それが問題だったのであって、べつに夫婦で役割を分担することそれ自体に、罪があったわけではなかったのだ。

そんなことにも、いまさらながら気づかされた。

快適に生きられれば、結婚しなくてもいい

だんだんと考えが変わってきた部分もある。

わたしはかつて、「いまの恋人とどうしたらうまく結婚できるのか、どんなふうにすれば、いっしょにうまく暮らしていけるのか」ということを考えていた。けれど、だんだんと「べつにいっしょに暮らさなくても、夫婦であるという気持ちさえもっていればいいじゃない」と思うようになり、しまいには「べつに夫婦じゃなくてもいいじゃない」と思うようになった。

いろんな人の話を聞いているうちに、わたしにとっての幸せ、つまりわたしが必要としているのは、「自分が快適に生きること」であって、それはかならずしも、彼と「結婚」しなくても、いっしょに暮らさなくても、実現できていると気づいたのだ。

いまのような恋人同士という形でも、わたしたちはおたがいを必要として支えあってい

るんだから、それで十分ではないか。

もしひとりでも快適に生きていけるのであれば、つがわなくたっていい。あるいは、かならずしもつがわなくても、ひとりで快適に生きていける人だっているだろう。支えあう相手は、恋人じゃなくたってよくて、友だちでもいいし、きょうだい、親子でもいい。そんなふうにも思うようになった。

若いころにわたしは、姓名判断の本をみて、自分の名前を占ってみたことがある。総画数は「大吉」と出たが、「ただし、女性の場合は結婚で幸せになれない」と添えられていた。「結婚で幸せになれない」って、ようするに「幸せになれない」ってこと？　そういわれた気がして、ショックだった。

でもいまはもう、気にならない。いま、わたしは結婚していないけれど、幸せだと思っているから。

この本の制作、出版、流通販売にかかわってくださったすべての方々、
原稿を寄せてくださった中村うさぎさん、
この本を読んでくださったみなさまに、この場を借りてお礼申し上げます。
いつもわたしを支えてくれている家族や恋人、友人たちにも、感謝を込めて。
そしてなによりも、取材に協力してくださったみなさま、
ほんとうに、どうもありがとうございました！

いろんな結婚の形がわかる本

『オトナ婚　私だけの自由な結婚のカタチ』しばざきとしえ、エンターブレイン
『カマかけたらクロでした』うえみあゆみ、メディアファクトリー
『事実婚は私の幸せのカタチ』臼井明子、文芸社
『同性パートナー』赤杉康信・土屋ゆき・筒井真樹子、社会批評社
『二人で生きる技術』大塚隆史、ポット出版
『子連れ再婚を考えたときに読む本』新川てるえ、太郎次郎社エディタス
『事実婚　新しい愛の形』渡辺淳一、集英社新書
『卒婚のススメ』杉山由美子、オレンジページ
『夫婦崩壊!?』亀山早苗、WAVE出版
『ママより女』ドラ・トーザン、小学館
『別居したら夫を好きになれました』安斎かなえ、竹書房
『結婚の起源』ヘレン・E・フィッシャー、どうぶつ社
『愛はなぜ終わるのか』ヘレン・E・フィッシャー、草思社
『性と結婚の民族学』和田正平、同朋社
『家族を超える社会学』牟田和恵（編）、新曜社
『近代家族の成立と終焉』上野千鶴子、岩波書店
『結婚はオートクチュール』中村うさぎ、フィールドワイ

著者略歴

大塚玲子　おおつか・れいこ

一九七一年生まれ、東京女子大学文理学部社会学科卒業。
都内の編集プロダクションや出版社に勤めたのち、妊娠を機にフリーとなる。
以来、編集者、ライターとして、書籍やムックの企画・編集・執筆などをおこない、
離婚・結婚や、子ども、家族をテーマにした仕事を多く手がける。
OH事務所 http://homepage3.nifty.com/ohj/

オトナ婚《こん》です、わたしたち――十人《じゅうにん》十色《といろ》のつがい方《かた》

二〇一三年二月十五日　初版印刷
二〇一三年三月一日　初版発行

著者　大塚玲子
ブックデザイン　鈴木成一デザイン室
イラスト　ミヤタチカ
発行者　北山理子
発行所　株式会社太郎次郎社エディタス
東京都文京区本郷四―三―四―三階　郵便番号一一三―〇〇三三
電話〇三―三八一五―〇六〇五　FAX〇三―三八一五―〇六九八
http://www.tarojiro.co.jp/　電子メール tarojiro@tarojiro.co.jp
印刷・製本　大日本印刷

定価はカバーに表示してあります
ISBN978-4-8118-0759-1 C0095